VAINCRE LA MORT

Du même auteur

Guérir la violence, Plon, 1998.
Transformer son esprit, Plon, 2002.
Comment pratiquer le bouddhisme, Plon, 2002.

Sa Sainteté le Dalaï Lama

VAINCRE LA MORT
et vivre une vie meilleure

Avant-propos de Jeffrey Hopkins, Ph. D.

Traduit du tibétain par Jeffrey Hopkins, Ph. D.
et de l'anglais par Yolande du Luart

PLON

Titre original :
Advice on Dying
And Living a Better Life

ISBN édition originale : Atria Books, New York, 0-7434-6302-1
ISBN Plon : 2-259-19859-7

« Tout le monde meurt, mais personne n'est mort. »

Proverbe tibétain.

Avant-propos

Le Tibet est réputé pour sa connaissance des profondeurs de l'esprit. Dépositaire de l'enseignement bouddhiste, il a maintenu les traditions de la pratique et de la théorie centrées sur la manifestation de ces profonds états de l'esprit afin de les utiliser pour le progrès spirituel. J'ai commencé ma propre initiation dans un monastère tibétain et mongol au New Jersey à la fin de 1962. Durant mes cinq années au monastère, j'ai appris le tibétain, j'ai médité et étudié un grand choix de sujets. Cela m'a permis, à mon retour au monastère durant l'été de 1968, d'apprécier une magnifique collection d'objets, petits et grands rassemblés par un vieux lama, Kensur Ngawang Lekden, qui avait été l'abbé du monastère tantrique à Lhasa, capitale du Tibet, au moment de l'invasion chinoise en 1959. Au cours de son enseignement, ce lama a mentionné à plusieurs reprises un livre extraordinaire sur la mort (le *Bardo Thödol*) qu'il avait en sa possession. Il expliqua que ce livre était utile à l'approche de la mort parce qu'il décrivait en détail les états mentaux de plus en plus profonds chez le mourant et la manière de s'y préparer. Il ajouta que nous éprouvons ces états chaque jour quand nous nous endormons, que nous émergeons d'un rêve, ou que nous perdons connaissance, que nous éternuons, ou encore pendant un orgasme. J'étais fasciné.

À partir des brèves références du lama au contenu de ce livre, j'ai compris que notre niveau de conscience était superficiel comparé à ces états de conscience profonds. Désirant en apprendre davantage, je lui avais demandé de me commenter ce texte, mais il évitait d'en aborder le sujet. En 1971, j'ai obtenu la bourse Fullbright afin d'étudier en Allemagne pendant quelques mois avec l'un des disciples tibétains du lama qui enseignait à l'université de Hambourg. J'habitais dans un cagibi. Un ami de l'étudiant tibétain avait construit un lit étroit au-dessus de la fenêtre de la penderie, muni d'un petit escabeau pour y grimper ; en dessous il y avait un minuscule bureau. Une nuit, au début de mon séjour, le lama m'apparut dans un rêve saisissant, sous la forme étincelante de sa personne à l'âge de six ans, dépourvue des traces de petite vérole qu'il avait sur le visage à l'âge adulte. Debout sur ma poitrine, il m'annonça : « Je reviendrai. » J'ai compris qu'il venait de mourir.

En Inde j'ai vécu pendant plus d'un an en suivant deux séries de conférences données par Sa Sainteté le Dalaï Lama, en ayant de longues discussions avec lui pendant de nombreuses audiences, recevant un enseignement privé, traduisant un texte qu'il avait écrit sur le thème de la « production conditionnée » et de la vacuité. J'ai tenu aussi la fonction d'interprète auprès de lui pour un groupe d'étudiants qui lui avait demandé une audience. En rentrant aux États-Unis, je me suis rendu directement au monastère du New Jersey avec l'intention de chercher parmi les effets personnels du lama Kensur Ngawang Lekden le livre sur la mort des Tibétains, le *Bardo Thödol.* À ma grande joie je l'ai découvert. Après avoir lu ce livre, j'ai demandé à deux lamas de me l'expliquer. Ce livre a exercé sur moi une profonde influence. Il décrit de façon si frappante les niveaux les plus superficiels comme les plus profonds de l'esprit que cela nous permet d'imaginer que nous pénétrons au plus secret de l'âme, au cours de l'ultime voyage de sa transformation. Sachant que ce matériel serait précieux pour beaucoup de gens, j'ai demandé à Sa Sainteté le Dalaï Lama de commenter un autre texte sur le même thème, un poème écrit par le Premier Panchen Lama au XVIIe siècle. (Ce texte comportait également un commentaire par l'auteur du livre sur la mort que j'avais lu.) J'ai suggéré au Dalaï Lama de commenter un texte sur le même thème. De cette manière, il pourrait écrire un livre plus accessible au public. Il en fut convaincu.

Quelques jours plus tard, j'étais convoqué dans le bureau privé de Sa Sainteté. Je me suis assis en face de lui avec un magnétophone. Il commenta le livre en puisant dans le vaste éventail de ses traditions comme de ses expériences. Sa Sainteté m'expliqua en détail et en profondeur la structure de la psychologie bouddhiste, de même que le processus de la mort et la période intermédiaire entre la mort et la vie suivante. Il a décrit la manière dont les yogis compétents manifestent les niveaux profonds de l'esprit en vue d'une transformation spirituelle. Il parla d'une manière émouvante de l'importance d'avoir conscience de la mort, des moyens d'y parvenir, comment surmonter la peur au cours de la mort ainsi que l'état intermédiaire entre les vies successives, et comment venir en aide à ceux qui sont en train de mourir. Ses enseignements forment le cœur de ce livre. Pour donner une idée de l'impression que le Dalaï Lama m'a produite ce jour-là, je voudrais citer quelques notes de mon livre, *Cultiver la compassion*, où j'évoque la méditation sur la nature de la réalité :

« Le Dalaï Lama conseille de pratiquer ce genre de méditation en prenant comme support un être ou un objet que vous appréciez énormément, afin que l'expérience de la vacuité ne soit pas interprétée comme une dévaluation du sujet – sa valeur demeure essentielle, mais d'un point de vue différent. Durant la période où il m'instruisait dans son bureau en Inde, j'éprouvais une sensation particulièrement intense. Une fin d'après-midi, tandis que je le regardais assis à son bureau, une large fenêtre ouverte derrière lui, le soleil baissait à l'horizon de la vallée de la Kangra. Nous discutions sur le thème des étapes de la mort – une présentation détaillée des stades les plus profonds de l'esprit, sur lesquels sont fondés non seulement la mort mais toute expérience consciente. Le Dalaï Lama possède un incroyable pouvoir de parole, il parle rapidement et très clairement, ce qui permet à une grande variété d'enseignements d'illustrer un seul thème.

« Les rayons du soleil étincelaient sur un ciel orange

vif, comme le deuxième des quatre esprits subtils que l'on expérimente durant le processus de la mort. Je me sentais à l'aise, heureux comme je ne l'avais jamais été. Tandis que je sortais de son bureau, j'ai été émerveillé par le sommet couvert de neige qui domine Dharamsala. J'ai marché vers mon logement qui se trouvait plus bas, sur la montagne. J'ai alors aperçu l'autre versant : l'espace entre les deux pics était uni par un arc-en-ciel dont les sept couleurs formaient un arc complet. J'en ai été ébloui. Plusieurs jours plus tard, quittant pour la dernière fois l'enseignement du Dalaï Lama, je me préparais à retourner aux États-Unis. Tandis que je m'approchais de la porte, celui-ci me dit : "C'est comme un rêve – Comment ? – C'est comme un rêve." Même à cette époque si riche et essentielle de ma vie, il m'incitait à réfléchir sur la vacuité de cette précieuse expérience. La vacuité n'abolit pas les phénomènes. Au contraire, elle est compatible avec leur efficacité et leur valeur. »

L'IMPACT DE L'ENSEIGNEMENT

L'enseignement du Dalaï Lama abonde en détails concernant le processus de la mort comme en conseils pratiques. J'ai recueilli de nombreux témoignages sur la dissolution graduelle de la conscience et j'ai appris bien des notations qui se sont révélées très utiles par la suite.

Tandis que mes parents passaient leurs vacances dans

leur petite maison de Floride, mon père subit une attaque cérébrale. Il avait quatre-vingt-un ans. Je me trouvais loin de lui à Vancouver où j'enseignais à l'université de British Columbia, lorsque mes trois frères lui rendirent visite. Nous fûmes tous soulagés quand mon père émergea du coma et qu'il fut capable de revenir à la maison. Lorsque je vins le voir quelques semaines plus tard, après le départ de mes frères, mon père était retourné à l'hôpital car il était retombé dans le coma. Un jour qu'il était couché sur le dos, il ouvrit les yeux, tourna la tête vers moi, et nous nous sommes mis à converser doucement. À un moment, avec un éclair d'ironie dans le regard, il dit : « Tu ne devineras jamais ce qui se passe dans cet hôpital ! » Je me demandais à quoi il pouvait faire allusion tout en regardant machinalement un feuilleton mélo à la télévision, au pied de son lit. Le personnel de l'hôpital avait placé un petit haut-parleur sur son oreiller. Au cours de son coma, il entendait ces émissions débiles. Au bout d'un moment, je lui expliquai la source de ses rêves. Ensuite, je débranchai son haut-parleur, me souvenant que le Dalaï Lama enseignait qu'à l'approche de la mort il est essentiel d'avoir à ses côtés un être qui vous communique de bonnes pensées.

Quelques jours plus tard, l'état de mon père empira. Il glissa dans un coma profond. En lui rendant visite un soir, je m'aperçus que l'hôpital l'avait changé de chambre. Cette fois la télé diffusait à plein tube un jeu de questions-réponses. Je voulus l'éteindre, mais l'infirmière me dit qu'il s'agissait de l'émission préférée de l'homme qui occupait le lit voisin et qui était presque sourd. Je m'assis au pied du lit de mon père en me demandant ce que je pouvais faire. La télé hurla une question sur un navire qui avait coulé en mer. Je me dis que c'était l'occasion de parler à l'autre homme : « Connaissez-vous le nom de ce navire ? » criai-je. Il ne bougea pas. Je me rendis compte qu'il se trouvait lui aussi dans le coma. Soudain mon père s'assit sur son lit et s'écria : « L'*Andrea Doria* ! » Lucide, il avait tout entendu. Je fermai la télévision et nous eûmes alors une conversation intime. Il était gai comme d'habitude. Il réclama des biscuits et du lait que l'infirmière lui apporta avec une certaine tendresse. Nous avons bavardé encore un peu et je lui dis en m'en allant : « Veux-tu que je dise bonjour à maman ? – Tu parles ! » dit-il joyeusement. L'hôpital téléphona à ma mère tôt le matin pour lui annoncer que mon père était mort pendant la nuit. J'étais très soulagé de savoir qu'avant sa mort, heureux, il avait recouvré ses esprits. Et une télé silencieuse.

L'hôpital avait laissé le cadavre de mon père seul dans la chambre. Je m'y rendis et, me souvenant de ne pas déranger le corps, je m'assis en silence parce que je ne connaissais pas le mode d'expression de ses croyances religieuses. Je sentais que je pouvais l'aider dans son voyage par ma simple présence.

Un an plus tard, ma mère subit ce qui était sans doute un accident cardio-vasculaire. Elle téléphona chez mon frère Jack et sa femme Judy. Jack était absent. Lorsque Judy répondit, ma mère lui dit qu'elle se sentait très mal et qu'elle avait mal à la tête. Elle parlait d'une manière décousue. Elle dit qu'elle se sentait prête à s'évanouir et qu'elle avait envie de vomir. Puis sa voix faiblit et disparut. Comme maman n'avait pas raccroché, Judy courut chez les voisins et appela police secours. Par la suite, l'hôpital la sauva trois fois de la mort. Elle éprouvait une grande difficulté à parler. En constatant ses efforts incohérents, je me souvins que le Dalaï Lama avait évoqué le besoin chez les malades de conseils amicaux qui peuvent provoquer une attitude positive. Je m'approchai de son lit. Je savais que son mot favori était l'« âme », alors je lui dis : « Maman, c'est Jeff. C'est le moment de l'âme. » Elle se calma tout de suite et cessa de lutter. Je répétai doucement : « C'est le moment de l'âme. » Quelques jours plus tard, elle s'éteignit paisiblement.

Lorsque l'on diagnostiqua le cancer du cerveau de mon cousin Bobby, il en parla longuement avec mon frère Jack. Celui-ci lui demanda s'il voulait entreprendre quelque chose pendant qu'il était encore actif. « J'aimerais que les cousins se réunissent et racontent des histoires au sujet de Grandpa », dit-il. Mon grand-père paternel était un homme plein d'énergie qui traitait sa famille, sa ferme, l'Église et ses activités d'une manière vigoureuse, empreinte d'humour. Jack réunit alors quatorze d'entre nous. Nous savions que Bobby allait bientôt mourir et nous ne nous en cachions pas. Nous n'étions pas tristes. La plupart d'entre nous avaient des histoires amusantes à raconter que j'enregistrais en vidéo. Nancy, la sœur de Bobby, me téléphona pour me demander conseil sur ce qu'il fallait faire à l'approche de la mort de son frère. « Arrange-toi pour que personne ne pleure ni ne se lamente devant lui, dis-je. Simplifie les choses, éteins la télé. Laisse les gens lui dire adieu avant la fin. » À l'avant-dernier jour de Bobby, la famille regarda la vidéo de la réunion des cousins. Le lendemain, dans une ambiance simple et tranquille, il mourut.

Le Dalaï Lama indique que nous avons besoin de nous souvenir de notre pratique quelle qu'elle soit, lorsque la fin approche. Nous ne pouvons imposer nos croyances aux autres, leur demander un niveau supérieur à leurs capacités. Quand mon ami Raymond sut qu'il était en train de mourir du sida, lui et son ami me demandèrent conseil. Je me souvins de la mort de mes parents et de ma propre paralysie lorsque j'ai failli mourir de la maladie de Lyme. Je savais que, même longtemps après qu'on n'est plus capable de réagir comme les autres, il est possible d'avoir une vie intérieure lucide. Au plus fort de ma maladie, je répétais intérieurement un mantra que j'avais récité pendant presque trente ans. De temps en temps, j'essayais de m'exprimer, mais je n'y parvenais pas. Malgré mes tentatives infructueuses, je ne m'en préoccupais pas, ce qui aurait été une grave erreur. Je continuais à répéter le mantra qui me réconfortait. En gardant à l'esprit ma propre expérience, je suggérais à Raymond de choisir une maxime qu'il puisse répéter tout le temps. Il choisit une strophe de quatre lignes de Joseph Goldstein :

Que je sois empli de bonté aimante
Que je sois en bonne santé

Que je sois en paix et à l'aise
Que je sois heureux.

Je trouvais son choix un peu long, mais je me dis que c'était bon pour lui puisque c'était ce qu'il désirait. Raymond pratiquait chaque jour son mantra. Son ami le plaça dans un cadre en plastique sur sa table de nuit pour que Raymond le voie bien et qu'il se souvienne de le répéter. Plus tard, quand Raymond revint de l'hôpital pour mourir, il se replia graduellement sur lui-même, perdant la parole, puis le mouvement : il ne pouvait même plus indiquer quelque chose du doigt. Pourtant, lorsque je m'assis par terre auprès de son lit en murmurant doucement : « Que je sois rempli de bonté aimante », son visage s'illumina et ses yeux remuèrent sous ses paupières closes. Cela avait réussi.

Le Premier Panchen Lama

Avec ce livre, Sa Sainteté le Dalaï Lama puise dans un vaste ensemble de traditions orales et écrites, indiennes et tibétaines, afin de commenter un poème en dix-sept strophes du Premier Panchen Lama. Le Dalaï Lama révèle le sens du poème, strophe par strophe, en donnant une présentation détaillée des diverses étapes de la mort, de l'état intermédiaire entre les vies et la renaissance, tout en décrivant leur application pratique d'une manière émouvante.

Ce poème, au centre de cette étude, a été écrit au XVIIe siècle. Sa valeur insigne a été transmise par des moines et des laïcs d'abord au Tibet, puis au monde entier. La décision de l'étudier et de le mettre en pratique témoigne d'un certain aveuglement à l'égard de l'état actuel de la religion au Tibet, de la situation du Panchen Lama, comme de la tension continue entre le Tibet et la Chine.

Il est nécessaire d'expliquer l'histoire des titres, Dalaï Lama et Panchen Lama, et la lignée des incarnations de l'auteur du poème, le Premier Panchen Lama. En même temps, on éclaircira quelques malentendus concernant la situation au Tibet et l'incarnation présente du Panchen Lama, assigné à résidence en Chine.

Au milieu du XIIIe et durant le début du XIVe siècle, Tsongkhapa Losang Drakpa fonda au Tibet une tradition spirituelle nommée Guélougpa et connue sous le nom de l'école des Bonnets jaunes. Vers 1445, un élève de Tsongkhapa, Gendun Drup, construisit un vaste monastère, appelé Tashi Lhunpo (le mont de la Chance) à Shigatsé, province à l'ouest de Lhasa, la capitale du Tibet. Gendun Drup fut rétroactivement appelé le premier Dalaï Lama lorsque la troisième incarnation de sa lignée, Sonam Gyatso (1543-1588), reçut en 1578 le nom de « Dalaï » (traduction mongole de « Gyatso » qui signifie « océan »), de son seigneur mongol et disciple, Alton Khan.

Gengun Drup reçut également le nom de « Panchen »

d'un érudit tibétain contemporain, Bodong Choklay Namgyel, après avoir répondu à ses questions. « Panchen » signifie « érudit », du nom tibétain « chen po » qui veut dire « grand ». Les abbés successifs du monastère de Tashi Lhunpo qui ont été élus pour un temps limité ont été nommés Panchen.

Au XVIIe siècle, le Cinquième Dalaï Lama fit don du monastère de Tashi Lhunpo à son maître, Losang Chokyi Gyeltsen (1567-1662), le quinzième abbé du monastère. On lui donnait le titre de Panchen, eu égard à son statut d'abbé de ce monastère. Lorsque Losang Chokyi Gyeltsen mourut, le Cinquième Dalaï Lama annonça que son maître réapparaîtrait sous la forme d'un enfant que l'on reconnaîtrait. C'est la raison pour laquelle sa lignée d'incarnations a conservé le titre de Panchen Lama pour les abbés de Tashi Lhunpo. Ainsi, le titre Panchen Lama est-il devenu celui d'une lignée spécifique de réincarnations qui ne sont pas élues.

Depuis ce temps, il existe une convention au Tibet entre le Dalaï Lama et le Panchen Lama, qui consiste à reconnaître leurs successeurs respectifs. Le Dalaï Lama est le dirigeant spirituel et politique du Tibet, tandis que le Panchen Lama est le chef de la région de Shigatsé. La manière dont le Dalaï Lama et le Panchen Lama ont reçu leurs titres contredit les assertions fantaisistes du gouvernement chinois, qui prétend que ces titres indiquent une obédience envers l'autorité du gouvernement chinois. En réalité, ils sont entièrement autonomes. Pour insister sur sa légitimité, Pékin a fait remarquer que le Panchen Lama est nommé « Erdini ». Il s'agit d'un nom mongol signifiant « Joyau précieux » commun à de nombreux lamas mongols. Dans le cas du Panchen Lama, ce titre lui a été décerné en 1731 par l'empereur Kangxi, un Mandchou qui dirigeait la Chine à cette époque.

Il faut se souvenir qu'à diverses périodes de son histoire, la Chine a été gouvernée par des étrangers mongols et mandchous autant que par les Chinois Han. Au début du XXe siècle, le docteur Sun Yat-sen, le père de la Chine moderne, a fondé l'empire du Milieu unifié qui inclut la Mandchourie, la Mongolie, l'est du Turkestan, le Tibet et la Chine. Pourtant, en 1911, il a déclaré que, lorsque la révolution nationale a chassé la dynastie mandchoue, la Chine avait été occupée deux fois par des puissances *étrangères* – d'abord les Mongols et ensuite les Mandchous. Les Mongols, les Mandchous et les Han considéraient le Tibet comme une terre étrangère, même lorsqu'ils intervenaient de temps en temps au Tibet en tant que puissants voisins. Au VIIIe siècle, le royaume tibétain s'étendait jusqu'à Chang'an, capitale de la Chine connue aujourd'hui sous le nom de Xi'an. Si des incursions occasionnelles dans un pays voisin signifient que l'agresseur possède ce pays, on pourrait argumenter que le Tibet possède la Chine.

Pékin tend à légitimer son règne sur le Tibet en affirmant qu'il joue un rôle prédominant en ce qui concerne l'identification des grands lamas de la région, le Dalaï Lama et le Panchen Lama. On a pu voir les tentatives désespérées de Pékin pour prétendre exercer une influence sur les affaires religieuses du Tibet dans les événements qui se sont produits au cours de la récente identification du Onzième Panchen Lama. Par exemple :

1. Des enquêtes sont menées dans le pays concernant des signes particuliers qui surviendraient lors de la naissance d'enfants : mères qui auraient des rêves étranges, enfants naturellement doués de savoir sans rien avoir appris.

2. Les présages sont analysés. Après la mort du précédent Dalaï Lama, un arc-en-ciel orienté vers l'est a suggéré aux experts une renaissance dans la partie est du pays. Deux objets qui ressemblaient à des défenses de trente centimètres de long sont apparues sur le côté du reliquaire du Dalaï Lama décédé. Lorsque les enquêteurs ont découvert l'incarnation suivante, des fleurs se sont épanouies en hiver dans un amphithéâtre en plein air où le Dalaï Lama enseignait. Les habitants de Lhasa ont alors chanté spontanément une ballade qui incluait les noms de ses parents. (De nombreux présages passent inaperçus sur le moment et sont interprétés plus tard.)

3. En général, des sources de connaissances supranormales sont consultées. On envoie un groupe de personnes au sud-est de Lhasa vers un lac qui suscite des visions prophétiques. Dans le cas de l'actuel Dalaï Lama, les gens ont aperçu dans le lac l'image d'un monastère proche de son lieu de naissance, de même que celle de sa maison. Ils ont déchiffré également trois lettres « A, K, Ma » : deux indiquaient la province (A pour la province d'Amdo), (K pour le monastère de Kumbum) ; la troisième, le nom propre du Dalaï Lama

(« Ma » indique le « féminin »), car le Dalaï Lama, enfant, avait un nom féminin, la « Déesse de Longue Vie ».

4. On accomplit une divination en faisant tourner un bol, empli de boulettes de pain sur lesquelles sont inscrits les noms des candidats définitifs, de plus en plus vite, jusqu'à ce que l'une d'elles tombe hors du bol.

5. Des enquêteurs déguisés sont chargés de tester le savoir spécial des candidats et de constater s'ils sont capables de reconnaître des objets appartenant au précédent Dalaï Lama. L'actuel Dalaï Lama a identifié l'un des enquêteurs comme un moine de haut rang, et l'autre comme un moine appartenant au monastère de Sera. Il devait choisir entre deux rosaires, deux petits tambours rituels et deux cannes de manche.

L'hypothèse d'un gouvernement communiste, matérialiste, impliqué dans un tel processus religieux est absurde. C'est pourtant ce qui s'est passé lors des événements qui ont suivi l'identification de l'actuel Panchen Lama.

Chronologie de l'identification du Onzième Panchen Lama

Le gouvernement communiste chinois qui a envahi l'est du Tibet en 1950 et qui acheva son occupation sur l'ensemble du pays en 1959 a annoncé qu'il permettrait aux Tibétains de rechercher les incarnations des lamas de haut rang.

Le gouvernement chinois a fondé une école spécialisée à Pékin afin que les lamas réincarnés « produisent des lamas patriotiques qui vénèrent l'unité de la mère patrie ».

En janvier 1989, le dixième Panchen Lama est mort à cinquante et un ans au monastère de Tashi Lunpo à Shigatsé, quatre jours après avoir énoncé un message critiquant le gouvernement chinois où il déclarait : « Le règne chinois a coûté au Tibet plus qu'il n'a rapporté. » Il était resté au Tibet après la fuite du Dalaï Lama en mars 1959 et avait été emprisonné et torturé durant neuf ans et huit mois pendant la révolution culturelle, après avoir écrit un rapport très critique sur la stratégie chinoise au Tibet. (Après sa mort des rumeurs persistantes ont circulé selon lesquelles le Dixième Panchen Lama aurait été empoisonné.) Le jour même, le Dalaï Lama a proposé d'envoyer une délégation religieuse de dix membres au Tibet pour prier au monastère du Panchen Lama.

En février 1989, Li Peng, Premier ministre de la Chine, a déclaré que les étrangers – c'est-à-dire les Tibétains en exil – n'auraient pas le droit « de se mêler du processus de sélection ».

En août 1989, le gouvernement chinois a annoncé un plan en cinq points destiné à la recherche, à la sélection et à la reconnaissance du Panchen Lama. Ce plan proposait un compromis avec les autorités du monastère et exprimait la volonté du gouvernement chinois qu'une loterie soit organisée pour déterminer le résultat final. Un comité a été nommé par Pékin, présidé par Chadrel Rinpoché, abbé du monastère du Panchen Lama, connu pour sa collaboration avec les Chinois.

Le 21 mars 1991, le Dalaï Lama informa le gouvernement chinois, par l'intermédiaire de son ambassade à New Delhi, qu'il souhaitait participer à la recherche de la réincarnation du Panchen Lama en envoyant une délégation au « lac des visions prophétiques », au sud-est de Lhasa.

En juin 1991, trois mois plus tard, le gouvernement chinois répondit que l'intervention tibétaine était inutile.

Le 17 juillet 1993, Chadrel Rinpoché, le chef de la mission d'investigation constituée par le gouvernement chinois, envoya des cadeaux ainsi qu'une lettre au Dalaï Lama sur la réincarnation du Panchen Lama. Il lui expliquait que des émissaires avaient visité deux lacs et qu'ils avaient la confirmation que le Panchen Lama était bien réincarné.

Le 5 août 1993, le Dalaï Lama répondit à Chadrel Rinpoché, par l'entremise de l'ambassade chinoise à Delhi, qu'il invitait la délégation à lui rendre visite en Inde afin d'étudier le processus d'une réincarnation. Il ne reçut pas de réponse.

Les 17 et 18 octobre 1994, le Dalaï Lama, au cours d'une rencontre privée avec un Chinois en étroite relation avec le gouvernement, lui dit qu'il attendait une réponse à sa lettre du 5 août 1993 à Chadrel Rinpoché. Il souligna à son interlocuteur qu'il était essentiel de rechercher la réincarnation selon les rites religieux traditionnels.

En janvier 1995, les Tibétains rappelèrent deux fois à ce même Chinois cette discussion.

En avril 1995, le gouvernement chinois annonça qu'il avait institué une législation nouvelle en ce qui concernait la recherche, la sélection et la confirmation de l'incarnation des lamas de haut rang.

Le 14 mai 1995, après avoir achevé l'analyse approfondie du cas de plus de trente enfants, reçu quatre prophéties des oracles, et pratiqué neuf divinations incluant le rituel de la boule de pain, le Dalaï Lama a formellement reconnu comme le Onzième Dalaï Lama un garçon de six ans, Gedhun Choekyi Nyima, né au Tibet le 25 avril 1989 dans le district de Nagchu. Le moment correspondait à une date favorable selon le calendrier des enseignements de la Roue du Temps, ou Kâlachakra, qui garde un lien spécial avec le Panchen Lama. Finalement le Dalaï Lama et la délégation de Chadrel Rinpoché (nommée par Pékin) se mirent d'accord.

En mai 1995, une agence officielle de la presse chinoise a critiqué la déclaration du Dalaï Lama.

Le 17 mai 1995, le gouvernement de Pékin garda au secret Chadrel Rinpoché ainsi que son secrétaire Jampa, âgé de cinquante ans, à Chengdu pendant douze jours. Le petit lama était lui aussi prisonnier des autorités chinoises. À l'âge de six ans il se trouvait être le plus jeune prisonnier politique du monde.

Dès mai 1995, des affiches commencèrent à apparaître sur les murs des villes tibétaines, dénonçant l'intervention du gouvernement dans la sélection du Panchen Lama.

Le 21 mai 1995, les autorités chinoises organisèrent au Tibet des réunions à Lhasa, Shigatsé et Nagchu pour proclamer l'interdiction de rassemblement de plus de trois personnes, tout en interdisant les discussions publiques sur la réincarnation du Panchen Lama. Des cadres du parti s'installèrent au monastère de Tashi Lhunpo pour donner des cours de rééducation où les moines étaient invités à critiquer Chadrel Rinpoché. Le petit lama et sa famille, ainsi que deux autres enfants bien placés dans la sélection, disparurent. On disait qu'ils avaient été emmenés à Pékin. À Lhasa les membres du gouvernement comme de la hiérarchie religieuse furent invités à participer à des réunions qui dénonçaient la déclaration du Dalaï Lama.

Le 24 mai 1995, une session d'urgence de trois jours, de la « Conférence consultative politique du Peuple », publia une déclaration selon laquelle la parole du Dalaï Lama était considérée comme « illégale et invalide ». Le même mois, le principal dissident tibétain, autrefois prisonnier politique, Yulu Dawa Tsering, reçut l'ordre de se présenter tous les deux jours à la police.

Le 11 juin 1995, le responsable des affaires de Chadrel Rinpoché, Gyara Tsering Samdrup, fut retenu à Dingri par les autorités chinoises. Il était soupçonné d'avoir communiqué avec le Dalaï Lama. Un mois plus tard, les touristes étrangers furent expulsés de Shigatsé où se trouvait le monastère du Panchen Lama, afin qu'ils ne puissent en observer les manifestations. On empêchait les Tibétains de pratiquer leurs activités religieuses au monastère du Panchen Lama, comme de participer aux processions autour des temples et des sites religieux.

Actuellement, on ne connaît pas le lieu où se trouve le jeune garçon reconnu par son monastère, ainsi que par le Dalaï Lama et le Panchen Lama. En 2002, lui et ses parents se trouvaient depuis sept ans sous la surveillance du gouvernement chinois qui refuse de laisser des observateurs internationaux s'assurer de la bonne santé du garçon. Le chef de la mission d'investigation, Chadrel Rinpoché, est sorti de prison en 2002, sept ans après son incarcération.

Au cours d'une série d'événements qu'on pourrait qualifier de surréalistes, le gouvernement communiste chinois a nommé sa propre délégation chargée de rechercher le « vrai » Panchen Lama avant de déclarer qu'il l'avait retrouvé. Le président de la Chine, Jiang Zemin, a particulièrement suivi ce dossier. Le choix chinois du Panchen Lama, maintenant âgé de treize ans, a été célébré dans les journaux chinois comme celui d'un étudiant patriote, capable d'inspirer le dévouement. En 2001, le pseudo-Panchen Lama, soutenu par Pékin, a déclaré pendant sa tournée sur le prospère littoral de la côte est : « Je comprends maintenant la grandeur du Parti communiste chinois et j'éprouve la chaleur de la famille socialiste, ainsi que la glorieuse politique du Parti communiste chinois. »

Suggestions

Pourquoi le gouvernement communiste de Pékin est-il si préoccupé par ce sujet ? Parce qu'il essaie de légitimer son invasion du Tibet en prouvant au monde qu'il joue un rôle essentiel dans la vie spirituelle de la nation. Il se peut aussi que les Chinois comptent annoncer la découverte du nouveau Panchen Lama au trentième anniversaire de la nomination par la Chine d'une partie du Tibet en tant que « Région autonome du Tibet ». Cependant, le Dalaï Lama et la délégation du monastère du Panchen Lama, nommée par Pékin, se sont mis d'accord sur le même candidat dont le Dalaï Lama a annoncé l'identité, sans doute pour devancer l'interférence chinoise.

Pékin prétend, sans la moindre preuve, que le gouvernement chinois précédent, le Guomindang, était impliqué dans l'identification de l'actuel Dalaï Lama. Cette assertion ne tient pas devant l'évidence historique. Quand l'intronisation du Dalaï Lama eut lieu le 22 février 1940, l'émissaire chinois, Wu Zhongxin, a été traité comme les autres envoyés du Bhoutan, du Sikkim, du Népal et de l'Inde britannique, sans avoir à jouer de rôle particulier. Le Guomindang a émis des affirmations absurdes : le jeune garçon se serait incliné devant Pékin, l'émissaire chinois aurait installé le garçon sur le trône. Un officiel tibétain présent à l'intronisation, qui avait coopéré avec le gouvernement chinois, Ngabo Nawang Jigme, vice-président du Comité permanent de l'Assemblée nationale populaire, a déclaré le 31 juillet 1989 : « Nous, le Parti communiste, n'avons pas besoin de répéter des mensonges fondés sur les mensonges du Guomindang. » À ce moment-là, le camarade Chang Feng, du ministère du Front uni, a déclaré : « À l'avenir, nous ne dirons pas que Wu Zhongxin a participé au couronnement du Quatorzième Dalaï Lama. » Aujourd'hui, Pékin, en désespoir de cause, s'est rallié à l'invention du Guomindang. Bien que le Tibet possède de grandes universités monastiques qui traitent de sujets philosophiques et historiques, il n'existe dans la langue tibétaine aucun nom de pays désignant à la fois le Tibet et la Chine.

La politique du gouvernement chinois actuel envers le Tibet fait peu de cas et néglige les besoins comme les désirs du peuple tibétain. Cette situation doit être rectifiée : il faut indiquer en termes clairs à Pékin que le monde prend ce problème au sérieux. Les organisations gouvernementales et non gouvernementales devraient exiger des autorités chinoises de libérer le Panchen Lama et ceux qui ont un rapport avec son intronisation, afin de lui permettre d'être éduqué dans son monastère et de voyager librement. Les Nations unies devraient soutenir les efforts du Dalaï Lama pour négocier un règlement sur le statut du Tibet.

La culture tibétaine s'étend bien au-delà du Tibet, à la région kalmouke mongole près de la Volga (en Europe, à l'embouchure de la Volga dans la mer Caspienne), en Mongolie intérieure et extérieure, à la république bouriate de Sibérie, au Bhoutan, au Sikkim, ainsi qu'au Népal. Dans ces régions, le rituel bouddhiste et les études religieuses sont pratiquées en tibétain. Des jeunes sont venus de ces vastes régions pour étudier au Tibet, surtout dans la capitale, Lhasa. Ils retournent généralement dans leur pays d'origine après avoir achevé leurs études ; c'était le cas jusqu'à l'invasion des communistes dans la plupart de ces régions. Ainsi la culture tibétaine se trouve-t-elle au centre d'un vaste espace de l'Asie intérieure où sa disparition entraînerait d'énormes conséquences.

Jeffrey Hopkins, Ph. D.,
professeur d'études tibétaines
à l'université de Virginie.

Vaincre la mort

1

La conscience de la mort

> « De même que le tisserand parvient au bout, grâce aux fils qu'il tisse, ainsi va la vie des hommes. »
>
> Bouddha.

Il est essentiel d'avoir conscience de la mort : il faut penser que l'on ne demeure pas longtemps sur cette terre. Sans la conscience de la mort, nous n'arriverions pas à profiter de la vie que nous avons déjà vécue. Elle prend un sens puisque, grâce à elle, des prolongements ultérieurs peuvent s'accomplir.

L'analyse de la mort n'aggrave pas la peur, mais sert à apprécier cette précieuse vie pendant laquelle nous pouvons suivre des pratiques essentielles plutôt que de céder à l'angoisse. Il faut penser que, lorsque viendra la mort, nous perdrons la faculté de pratiquer. Ainsi la contemplation consciente de la mort insufflera plus d'énergie à votre pratique.

Il est nécessaire d'accepter que la mort fasse partie du processus de la vie. Comme le dit Bouddha :

Un lieu où l'on pourrait vivre
à l'abri de la mort
N'existe pas.
Il n'existe ni dans l'espace, ni dans l'océan,
Ni même au cœur d'une montagne.

Si l'on accepte que la mort fasse partie de la vie, lorsqu'elle surviendra, on lui fera face plus facilement. Lorsque l'on sait au plus profond de soi que la mort va vous emporter mais que l'on évite délibérément d'y réfléchir, cela ne correspond pas à la situation et c'est néfaste. C'est également vrai lorsque la vieillesse n'est pas admise comme partie intégrante de l'existence, mais qu'elle est refusée et qu'on évite d'y penser. En conséquence, on se retrouve démuni devant elle. Lorsque la vieillesse arrive, elle est difficile à accepter.

Beaucoup de gens âgés physiquement font semblant d'être jeunes. Lorsque je rencontre des amis de longue date, tels que certains sénateurs des États-Unis, je les aborde en utilisant l'expression « Mon vieil ami », ce qui signifie que nous nous connaissons depuis longtemps et non que nous sommes âgés. Mais parfois certains me corrigent en disant : « Nous ne sommes pas vieux, nous sommes des amis de longue date ! » En réalité, ils sont vieux – ils ont des poils aux oreilles, signe de vieillesse. Mais ils souffrent d'être âgés, ce qui est idiot. J'estime que la durée maximale de la vie humaine est de cent ans, ce qui est court, par rapport à l'existence de la planète. Cette brève existence doit être utilisée de manière à ne pas causer de tort aux autres. Elle devrait être consacrée non à des actions destructrices mais à des activités positives – au moins ne pas blesser les autres ni leur causer d'ennuis. De cette façon, notre bref séjour de touristes sur cette terre prendra un sens. Si un touriste visite un lieu pour peu de temps et y cause des problèmes, c'est stupide. Mais si, en tant que touriste, pendant cette brève période, vous rendez les autres heureux, c'est sage, et quand vous atteindrez l'étape suivante, vous serez heureux. Si vous suscitez des problèmes, même si l'on n'en éprouve pas soi-même durant ce séjour, on peut se demander quelle est l'utilité de cette visite.

Sur cent ans d'existence, la première partie est constituée par l'enfance et la dernière correspond à la vieillesse, durant laquelle l'on ressemble à un animal qui ne fait que se nourrir et dormir. Durant la période intermédiaire, environ soixante ou soixante-dix ans, l'on mène une vie qui a un sens. Ainsi que l'a dit Bouddha :

> La moitié de la vie se passe à dormir, dix années appartiennent à l'enfance, tandis que vingt ans sont perdus dans la vieillesse. Durant les vingt années qui restent, le chagrin, les plaintes, la douleur et l'agitation gaspillent beaucoup de temps, que des centaines de maladies détruisent plus encore.

Pour donner du sens à sa vie, accepter la vieillesse et la mort comme part intégrante de notre existence est essentiel. Considérer la mort comme illusoire crée plus de désirs et de problèmes, et parfois même fait volontairement du mal aux autres. Lorsque l'on examine la manière dont les soi-disant grands personnages – les empereurs, les rois, etc. – ont édifié d'énormes palais ceints de murs imposants, on constate qu'au fond de leur esprit demeure l'idée qu'ils resteront éternellement en ce monde. Se mentir à soi-même suscite douleurs et difficultés pour bien des gens.

Même pour ceux qui ne croient pas en une vie future, regarder la réalité en face est positif, utile et scientifique. Les êtres humains, les esprits et les phénomènes se rattachent à une cause et évoluent d'un instant à l'autre, ce qui permet une certaine croissance. Si les situations ne se modifiaient pas constamment, elles demeureraient pour toujours axées sur la souffrance. Celui qui a conscience que les étapes se modifient se consolera s'il traverse une série d'épreuves en se disant que cet état de fait ne durera pas éternellement. Pourquoi s'angoisser ? La chance est fugace. Mieux vaut ne pas trop y compter. Ce serait faire fausse route que de tabler sur la stabilité de l'existence. Même si vous admettez l'hypothèse de vies futures, vous vivez dans le présent, et l'avenir vous importe peu. Si votre vie se fonde sur les loisirs et la facilité, vous perdez toute chance de prendre la voie d'une pratique spirituelle positive. La notion de l'impermanence est efficace.

Prendre conscience de l'impermanence exige une certaine discipline : il faut dompter son esprit, ce qui ne revient pas à le brimer ni à le contrôler de l'extérieur. Discipline ne signifie pas interdiction mais plutôt que, lorsqu'il se présente une contradiction entre des intérêts à long terme et à court terme, on sache rejeter le court terme au profit du long terme. Telle est la discipline du « moi », issue de la loi de la cause à effet du karma. Par exemple, à la suite de ma récente maladie, j'évite les aliments acides et les boissons glacées, ce qui en d'autres circonstances m'aurait paru aussi délicieux qu'agréable. Ce genre de discipline revient à se protéger. De la même manière, une réflexion sur la mort correspond à une discipline qui représente en fait une sauvegarde, et non une punition. Les êtres humains ont la possibilité de faire le bien, ce qui suppose une certaine liberté, alors que le totalitarisme freine ce processus. À l'inverse, l'individualisme implique que l'on n'attende rien de l'extérieur ni des autres, mais seulement de soi. C'est pourquoi Bouddha fait souvent appel à la « libération individuelle », c'est-à-dire à la liberté personnelle, sans passer par une organisation extérieure. Chaque être humain est responsable de son devenir. La liberté et l'individualisme exigent une discipline personnelle. Celui qui est le jouet de ses émotions en récoltera de fâcheuses conséquences. Pour être efficace, la liberté doit se joindre à une discipline personnelle.

ÉLARGIR LA PERSPECTIVE

Selon la perspective bouddhiste, le but est la bouddhéité qui permet d'aider un grand nombre d'êtres humains. Une acquisition partielle peut vous libérer du cercle douloureux de la naissance, vieillesse, maladie et mort. Un stade inférieur d'un niveau encore valable permet d'améliorer ses existences futures. Graduellement, on peut parvenir à la libération et, de là, atteindre à la bouddhéité. Premièrement, cette perspective inclut les vies futures. Ensuite la prise de conscience de son propre niveau permet d'intégrer toute la souffrance d'une vie à une autre, ce que l'on nomme cycle des existences ou *samsara*. Cette perception peut s'étendre aux autres personnes, grâce à la compassion qui permet que tous les êtres soient délivrés de la souffrance comme de ses causes. La compassion permet d'aspirer à la bouddhéité.

Il est nécessaire d'être attentif aux choix essentiels de l'existence avant de saisir la nature des souffrances et des cycles parce qu'ils conditionnent les vies futures. Cette approche de la souffrance est nécessaire pour progresser dans la compassion. De même, nous, Tibétains, tentons d'atteindre une forme d'autonomie pour notre pays afin de nous mettre au service des habitants de notre patrie. Nous nous efforçons aussi d'établir notre situation de réfugiés en Inde. L'accomplissement du but premier, essentiel, dépend de la réalisation du second qui, lui, est temporaire.

Les inconvénients d'occulter la mort

Il est bon d'être conscient de sa mort. Pourquoi ? Celui qui n'est pas conscient de sa mort n'arrive pas à concentrer ses comportements. Il mène une vie dénuée de sens, sans examiner quelles attitudes et quelles actions sont sources de souffrance ou de bonheur.

Sans la conscience de sa mort proche, on s'endort en s'imaginant éternel : « Je mourrai plus tard, bien plus tard ! » Lorsque le moment approche, vous n'avez plus l'énergie de réagir. De nombreux Tibétains entrent au monastère jeunes et étudient des textes sur la pratique spirituelle, mais lorsque le moment arrive de vivre ce qu'ils ont appris, ils en sont incapables parce qu'ils n'ont pas de véritable compréhension de l'impermanence.

Si, après avoir réfléchi sur la pratique, vous prenez la décision de vous retirer pendant quelques mois ou de nombreuses années, vous êtes influencé par votre perception de l'impermanence. Si cette urgence s'efface une fois confrontée aux ravages de l'impermanence, votre pratique s'effondrera. Certaines personnes font une retraite pendant des années sans pour autant évoluer. La méditation sur l'impermanence ne motive pas uniquement votre pratique, elle l'alimente.

Celui qui est habité par la certitude de la mort tout en ignorant son heure est profondément motivé comme si un ami le mettait en garde : « Attention, réfléchis : encore une journée d'écoulée ! »

Vous pouvez aussi abandonner votre maison pour une vie monastique. On vous donnera alors un nouveau nom, de nouveaux vêtements. Vous aurez moins d'activités. Il vous faudra changer d'attitude, orienter votre attention vers des objectifs plus élevés. Si vous continuez à être sensible à la vie superficielle : nourriture délicate, vêtements élégants, jolie demeure, conversations plaisantes, nombreux amis et relations, ou même provocation de vos ennemis, vous n'aurez rien acquis au monastère, et même vous tomberez sans doute plus bas. Il ne suffit pas de se retirer d'activités frivoles parce que l'on craint le jugement d'amis qui avancent eux-mêmes sur la voie : le changement doit venir de l'intérieur. C'est vrai pour les moines et les nonnes autant que pour les autres pratiquants.

On peut être obsédé par le sentiment de l'immanence, tout en pensant que la mort n'est pas pour maintenant, et que tant que l'on est en vie, il faut des mets raffinés et des conversations intéressantes. Celui qui est prêt à jouir du présent, même si un présent superficiel et subordonné à son désir, met en œuvre le maximum de moyens pour satisfaire ses appétits : il prête de l'argent à des taux usuraires, méprise ses amis, entame des procès pour augmenter sa fortune. L'argent l'attire plus que l'étude, et même s'il tente de pratiquer le bouddhisme, il n'y prête pas grande attention. Si un document glisse hors d'un livre, il hésite avant de le ramasser, mais qu'un billet tombe par terre, il se baisse tout de suite pour s'en emparer. Si vous rencontrez des êtres qui ont consacré leur vie à des aspirations plus profondes, vous pourrez admirer la qualité de leur dévotion, c'est tout. Tandis que si vous voyez quelqu'un d'élégant exhiber sa fortune, il se peut que vous ayez envie de l'imiter. En fin de compte, vous serez prêt à perdre votre équilibre au profit des biens matériels.

Celui qui se préoccupe uniquement des affaires de ce monde vit une passion qui aboutit nécessairement à provoquer de mauvaises actions. Cet engrenage n'apporte que des problèmes, ce qui le rend malheureux ainsi que son entourage. Même si l'on apprend succinctement à suivre les divers stades de la Voie de l'Éveil, celui qui accumule les richesses et se disperse avec des gens qui ne s'intéressent qu'aux paillettes, aura du mal à se partager entre ses amitiés superficielles et sa rancune contre ses ennemis. Au point que, même s'il entend parler d'une vraie pratique qui lui serait bénéfique, il se dira : « Oui d'accord, mais... », une série de « mais » l'un après l'autre. Sans doute le cycle des existences habitue-t-il aux émotions perturbatrices, mais s'il s'y ajoute une vie superficielle, cela aggrave la situation, en vous détournant de ce qui vous rendrait vraiment service.

Mû par l'envie, vous ne trouverez pas la paix. Vous ne rendrez pas les autres plus heureux que vous-même. Vous deviendrez plus égocentrique : « *mon* cela, *mon* ceci, *mon* corps, *ma* fortune ». Quiconque se mêle de vos affaires provoque votre irritation. Bien que vous attachiez une certaine importance à « *mes* amis » et à « *ma* famille », ceux-ci ne peuvent vous aider ni à naître ni à mourir. Nous débarquons seuls et nous devons partir seuls. Si un ami était susceptible de vous accompagner le jour de votre mort, votre attachement en vaudrait la peine, mais ce n'est pas possible. Lorsque vous renaîtrez dans une situation qui vous sera complètement étrangère, si l'ami de votre vie précédente pouvait vous aider, il serait peut-être bon de l'examiner, mais tel n'est pas le cas. Pourtant, entre la naissance et la mort, durant des dizaines d'années, vous ne parliez que de « *mon* ami », « *ma* sœur », « *mon* frère ». Cette insistance ne sert à rien, sauf à produire davantage de confusion, de désir et de haine.

Lorsque l'on compte trop sur l'importance de ses amis, on parvient au même point qu'avec ses ennemis. Lorsque vous arrivez dans ce monde, vous ne connaissez personne et personne ne vous connaît. Même si nous tendons tous vers le bonheur et récusons tous la souffrance, il nous arrive d'éprouver de la sympathie pour le visage de certaines personnes et vous pensez : « J'aime bien ceux-là » et ne pas apprécier le visage d'autres personnes dont vous dites : « Ils ont une drôle de tête. » Vous leurs attribuez des identités, leur donnez des surnoms et finissez par éprouver du désir envers les premiers et un sentiment de rejet à l'égard des secondes.

Quelle est la valeur de tout cela ? Aucune. Pourtant entre la naissance et la mort, pendant des dizaines d'années, nous évoquons « *mon* ami », et « *mon* frère ». Pourquoi dépenser tant d'énergie pour des relations superficielles au détriment de la profondeur de nos actes ?

Si vous n'avez jamais connu de pratique spirituelle et que, le jour de votre mort, vous êtes entouré d'amis en larmes et de relations d'affaires, au lieu d'être accompagné par un moine qui vous rappelle la pratique de la vertu, vous ne rencontrerez que des problèmes dont vous serez la seule cause. Où est l'erreur ? C'est de ne pas avoir conscience de l'impermanence.

AVANTAGES D'ÊTRE CONSCIENT DE L'IMPERMANENCE

Si vous ne voulez pas attendre votre dernier jour pour apprendre que vous allez mourir, et que vous évaluez votre situation avec réalisme, vous ne serez pas envahi par des futilités temporaires. Vous ne négligerez pas l'essentiel.

Il est préférable de savoir d'emblée que vous allez mourir, et que vous évaluiez l'essentiel. Si vous gardez présente à l'esprit la fugacité de cette existence, vous apprécierez le temps qui vous reste et vous doserez vos actes en conséquence. Animé par un sentiment puissant de l'imminence de la mort, vous éprouverez la nécessité de vous engager dans une pratique spirituelle qui développera votre esprit. Vous éviterez ainsi de vous disperser dans des distractions telles que de bons repas bien arrosés et d'interminables discussions sur la guerre, l'amour ou des médisances.

Chacun désire le bonheur et refuse la souffrance. Nous utilisons de nombreuses techniques pour surmonter les souffrances subies, qu'elles soient fondamentales ou superficielles. Certains tentent ces techniques au début de leur vie pour éviter de rencontrer plus tard la douleur. Ceux qui pratiquent une religion comme ceux qui s'en passent cherchent à réduire certains problèmes et à en éliminer d'autres en se servant parfois de la douleur pour en surmonter une plus grande et trouver ainsi un peu d'apaisement. Les hommes tentent d'éliminer leurs souffrances superficielles, mais il existe un autre genre de techniques destinées à supprimer la douleur sur un plan plus profond, jusqu'à la vie future.

La pratique spirituelle appartient à ce type de techniques qui impliquent un changement d'attitude. La pratique spirituelle implique de bien structurer sa pensée à la base. En sanscrit, cela s'appelle *dharma* : « ce qui tient ». En se débarrassant des attitudes stériles, vous atteignez un autre niveau de conscience, ce qui permet d'échapper à cette souffrance particulière. La pratique spirituelle protège et vous préserve, vous et les autres, de la misère morale. En prenant conscience de votre propre situation dans le cycle des existences et en cherchant ainsi à échapper à la souffrance, vous influencerez d'autres êtres tout en développant la compassion. Ainsi, vous allez vous consacrer à soulager les autres. Il vous paraîtra naturel de vous occuper de beaucoup de gens. En cherchant à aider autrui, vous atteindrez le bonheur.

La compassion réduit vos craintes devant votre propre angoisse et accroît la force intérieure. Elle donne le sentiment d'être capable d'accomplir une tâche, ce qui constitue un encouragement.

Récemment, lorsque j'étais à Bodhgayâ, je suis tombé malade à la suite d'une infection intestinale chronique. En me rendant à l'hôpital, j'avais très mal au ventre et je transpirais énormément. La voiture traversait la région du « Pic du Vautour » où Bouddha a enseigné et où les paysans sont extrêmement pauvres. L'État de Bihar est démuni en général, mais ce lieu l'est encore davantage. Je n'ai même pas vu d'enfants entrer ou sortir de l'école. Que la misère ! Et la maladie. Je me souviens d'un petit garçon atteint de polio qui s'appuyait sur des béquilles de fer. Il avait des supports en métal rouillé autour de ses jambes. Personne ne s'occupait de lui. J'étais très ému. Plus tard, j'ai vu un vieil homme par terre, devant un stand de thé, couvert seulement d'un bout de tissu sale, abandonné, sans personne pour s'occuper de lui. À l'hôpital, je ruminais ces images, conscient de l'aide médicale que je recevais tandis que ces malheureux n'avaient rien. Malgré ma propre souffrance, je ne pensais qu'à eux. Bien que je fusse inondé de sueur, mes préoccupations étaient ailleurs.

J'ai beaucoup souffert (un ulcère avait perforé mon intestin), ce qui m'empêchait de dormir, mais mon esprit ne ressentait ni peur ni malaise. Mon état n'aurait fait qu'empirer si je m'étais concentré sur mes maux. Telle a été ma petite expérience sur la façon dont la compassion nous aide, en ce qu'elle adoucit la douleur physique, éloigne la détresse, bien que les malheureux auxquels je pensais n'aient pu être soulagés.

La compassion fortifie, donne du courage, détend. Lorsque votre vision inclut la souffrance d'innombrables êtres, la vôtre semble en comparaison légère.

2

Se délivrer de la peur

> « Notre vie résiste aux causes de la mort telle une lampe sous un vent violent. »
>
> *La Précieuse Guirlande*, de Nâgârjouna.

Le Premier Panchen Lama a écrit un poème de dix-sept strophes que de nombreux Tibétains répètent pour concentrer leurs réflexions quotidiennes sur la mort. Le titre du poème est : *Souhaits de délivrance des Dangers de l'État Intermédiaire, le Héros se délivrant de la Peur*. Pour échapper à des situations effrayantes, comme une attaque de voleurs, de bandits, ou d'animaux sauvages, vous avez besoin d'un guide courageux et intelligent pour vous défendre. De même, pour être délivré de la terreur des apparences illusoires lors de la mort et dans l'état intermédiaire entre les vies, il faut pratiquer les conseils de ce poème qui offre les techniques nécessaires. En méditant sur ce poème, vous apprenez la manière dont survient une connaissance qui se révélera utile durant le processus. La mort est le moment où les niveaux les plus profonds de l'esprit se manifestent. Une réflexion quotidienne permet aussi à ces états de conscience de se manifester.

Ce poème contient une série de vœux destinés à être utilisés par chacun, de sorte que, lorsque la mort frappera, l'esprit réagisse d'une manière positive. Quelques-uns cherchent un élan au moment de la mort, destiné à fortifier de bonnes dispositions, afin de les mener à une renaissance favorable. Leur but est d'atteindre une heureuse transmigration au cours de leur vie suivante afin de continuer leur pratique religieuse. D'autres cherchent à explorer les niveaux les plus profonds de l'esprit qui s'expriment durant la mort pour atteindre des états spirituels plus avancés. Celui qui pratique éprouve le besoin de servir les autres.

Le poème du Premier Panchen Lama décrit trois niveaux de pratique spirituelle – pour ceux qui ont reçu un entraînement très élevé, pour ceux qui en ont reçu un moyen et ceux qui ont eu le minimum –, c'est-à-dire souhaiter garder conscience pendant le processus de la mort, l'état latent entre les vies et la renaissance future. Il signale en détail ce qu'il convient de faire à chaque étape. Il est nécessaire d'atteindre un certain niveau de pratique pour le reste de ses jours, de façon que, au moment de la mort, vous en franchissiez les étapes avec succès.

Quand elle surviendra, si vous n'êtes pas habitué à pratiquer, il vous sera très difficile de parvenir à une réflexion bénéfique. Il est maintenant temps de pratiquer et de vous préparer alors que vous êtes heureux et que les circonstances sont favorables. Si c'est le cas, quand vous en aurez vraiment besoin et que vous serez sous pression, vous ne rencontrerez pas de problème. Si, lorsque vous avez le temps d'écouter, de songer, de méditer et de poser des questions, vous ne vous préparez pas à votre dernier jour, il sera alors trop tard et vous n'aurez plus ni protecteur ni refuge, mais seulement vos yeux pour pleurer. Mieux vaut bien avant l'heure engager une pratique continue de méditation sur le processus de la mort et les états intermédiaires entre vos différentes vies – en imaginer les étapes afin de vous familiariser avec elles. C'est essentiel car il est encore temps de réussir le passage en développant toutes vos meilleures capacités.

La simple connaissance du processus de la mort et des pratiques qui la concernent ne suffit pas : il est indispensable de se familiariser avec elles durant des mois et des années. Aujourd'hui, tandis que nos sens sont alertes et notre conscience vigilante, si votre esprit n'est pas habitué au chemin de la vertu, il sera difficile au moment de la mort de s'aventurer sur une voie inconnue. Celui qui meurt peut être physiquement affaibli par la maladie et déprimé par des angoisses. C'est pourquoi il faut s'adapter aux pratiques relatives à la mort. Il n'y a pas de substitut ni de remède.

L'effort nécessaire pour les connaître dépend de la motivation intérieure selon laquelle les expériences du plaisir et de la douleur correspondent directement à nos propres actions vertueuses ou néfastes. Au début, il est important de comprendre le processus de ce principe de cause à effet des actions, ou *karma*, qui se fonde sur le fait que les bonnes actions émanent d'un esprit assagi, tandis que les mauvaises sont issues d'un esprit anarchique. Même si le bien et le mal sont produits par le corps, la parole et l'esprit, c'est l'esprit qui prime. La racine de la pratique bouddhiste consiste en la transformation de l'esprit. L'enseignement bouddhiste insiste sur la discipline de l'esprit fondé sur la perception que nous sommes à l'origine de notre plaisir comme de nos difficultés. Comme l'a dit Bouddha :

> Les Bouddhas n'enlèvent pas les mauvaises actions avec de l'eau,
> Ni n'effacent les souffrances des êtres qui transmigrent avec leurs mains,
> Ni ne transfèrent leurs réalisations à d'autres.
> Les êtres sont libérés par les enseignements de la vérité et la nature des choses.
> Vous êtes votre propre protecteur. Confort et mal-être demeurent entre vos mains.

La lignée des Panchen Lamas

Le Premier Panchen Lama, qui s'appelait Losang Chokyi Gyelsten, était le tuteur du cinquième Dalaï Lama au XVIIe siècle. Même s'il n'était qu'un moine ordinaire, ses contemporains et son propre maître considéraient qu'il était l'incarnation d'un grand yogi tibétain, Ensaba. Sans être un grand savant, il avait une spiritualité élevée. Comme son maître, Sangyay Yeshay, il éprouvait un grand respect envers les autres lignées de la pratique bouddhiste. Dans la collection des œuvres complètes de son maître, on remarque certains termes du vocabulaire religieux d'autres traditions. Cette ouverture a dû influencer la pratique de Panchen Losang Chokyi Gyeltsen. Il a certainement contribué au respect mutuel et à l'harmonie entre les différentes écoles tibétaines du bouddhisme.

Le précédent Panchen Lama, Lobsang Trinley Lhundrup Chekyi Gyeltsen, le dixième de la lignée des réincarnations, est mort en 1989. Nous sommes nés tous les deux dans une province au nord-est du Tibet, nommée Amdo. Au moment de le choisir comme la réincarnation de son prédécesseur, une petite controverse s'est élevée. Les responsables de son monastère de Shigatsé, à l'ouest du Tibet, région sous l'influence d'un chef de guerre musulman, avaient décidé qu'il était la véritable réincarnation du neuvième Panchen Lama. Selon un accord en dix-sept points que les Chinois ont conçu comme un moyen d'établir une relation avec le Tibet, ceux-ci ont insisté pour que le gouvernement tibétain reconnaisse ce garçon – déjà entre leurs mains – comme le Dixième Panchen Lama. En ce sens, sa reconnaissance a été un objet de controverse, mais il a prouvé par la suite qu'il était un héros courageux au service du bouddhisme et du peuple tibétain. Il n'y a aucun doute là-dessus.

Lorsque je l'ai rencontré en 1952, il était innocent, sincère et très intelligent. En 1954, l'année où nous nous sommes rendus tous les deux en Chine, il venait de l'ouest du Tibet afin de me rejoindre pour quelques jours à Lhasa, la capitale. Il s'est rendu en Chine en passant par la province d'Amdo, tandis que je traversais Kongpo. Peut-être en raison de la mauvaise humeur de certains de ses supérieurs changea-t-il d'attitude.

En 1956, durant la célébration du 2 500e anniversaire de la naissance du Bouddha, lorsque nous étions tous deux ensemble en Inde, on remarquait déjà une légère inflexion en ce sens. Cependant, en raison des tristes événements – des combats contre les troupes chinoises – qui ont eu lieu en 1957 et en 1958 dans les deux provinces orientales du Tibet, Amdo et Kham, des informations sur les atrocités chinoises lui sont enfin parvenues. Il a compris alors, peut-être un peu tard, que les provinces du Tibet devaient s'unir pour affronter ce nouveau danger. À l'occasion de mon dernier examen sur la doctrine, il m'envoya un moine de confiance qui m'expliqua que, à présent, la pensée du Panchen Lama avait beaucoup évolué en raison des informations récentes parvenues de son lieu de naissance. À cause de cette nouvelle menace, il était décidé à ce que le monastère de Shigatsé coopère avec le gouvernement tibétain.

À la suite de mon évasion du Tibet vers l'Inde en 1959, le Panchen Lama me remplaça à la tête du pays et occupa parfaitement sa position pendant quelques années. Un jour, il fut arrêté et condamné chez lui à résidence. Lorsqu'il fut libéré, il utilisa avec sagesse les circonstances en concentrant ses efforts pour améliorer la situation de la religion bouddhiste et de la culture tibétaine. En parlant de sagesse, je veux dire qu'il ne se faisait pas d'illusion sur des sujets sensibles tels que l'indépendance du Tibet, mais qu'il concentrait son énergie à préserver le bouddhisme et la culture tibétaine. Parfois, il réprimandait en public les Tibétains qui ne portaient que des costumes de style chinois et ne parlaient que le chinois. Il incitait ces Tibétains à porter un vêtement local et à s'exprimer en tibétain. Ses actions témoignaient de sa bonne foi.

Sa mort subite survint à un mauvais moment. J'en ai été très triste. Tant qu'il vivait, un dirigeant tibétain s'exprimait dans notre pays au nom d'un peuple, pendant que je travaillais de mon mieux à l'étranger. Depuis sa disparition, personne n'a poursuivi son œuvre. Les gens sont maintenant trop âgés ou trop craintifs. Sa mort a été une grande perte.

Dès qu'il disparut, j'envoyai un message au gouvernement chinois, selon lequel je souhaitais lui faire parvenir une délégation pour qu'elle remette des offrandes au monastère du Panchen Lama. Les Chinois refusèrent. Deux années plus tard, je demandai au gouvernement chinois de permettre à une délégation de chercher la réincarnation du Panchen Lama. Ils refusèrent de nouveau.

L'essentiel était que la réincarnation du Panchen Lama soit authentique. À cette époque, quelques Tibétains ont affirmé que sa réincarnation devait figurer à l'extérieur du Tibet occupé, mais j'ai considéré que leur objectif était politique. Il s'agissait de trouver la véritable réincarnation, soit à l'intérieur, soit à l'extérieur du Tibet. Si cette réincarnation avait lieu à l'intérieur du pays, je savais qu'il serait nécessaire d'en discuter avec le gouvernement chinois. C'était la raison pour laquelle je désirais envoyer une délégation à la recherche de cette réincarnation.

Ma demande fut rejetée. Entre-temps, grâce à un contact privé, j'ai pris contact avec un lama, Chadrel Rinpoché, qui m'a envoyé une liste de plus de vingt-cinq candidats avec leurs photos. Dès que j'ai aperçu une photographie de Gedhun Choekyi Nyima, j'ai éprouvé un sentiment d'affinité avec lui. J'ai alors pratiqué plusieurs divinations qui lui ont été très favorables. Finalement, j'ai effectué une divination avec un bol de boulettes de mie de pain qui contenaient les noms des derniers candidats inscrits sur des bouts de papier roulés à l'intérieur. On aurait dit que sa boulette s'envolait du bol ! J'en ai conclu qu'il était la réincarnation du Dixième Panchen Lama.

Je me suis abstenu de la moindre déclaration. Comme le temps passait, de plus en plus de Tibétains, surtout restés à l'intérieur du Tibet, insistèrent pour que je prenne une décision. J'ai continué à essayer de communiquer avec le gouvernement chinois. En vain. En fin de compte, j'ai pensé qu'il serait plus approprié de dévoiler le résultat à la date où le Bouddha avait donné les premiers enseignements du Kâlachakra, ou « Roue du Temps », avec laquelle le Panchen Lama entretenait une relation particulière. J'ai opéré une autre divination pour savoir si je devais l'annoncer ou non. La réponse fut positive. J'ai révélé l'annonce et, le lendemain, je me suis vu infliger un blâme de nos maîtres, le gouvernement chinois. Le drame a été que, quelques jours plus tard, cette jeune réincarnation, accompagnée de ses parents, a été emmenée de son village natal à Lhasa et, de là, en Chine. Depuis, plus de nouvelles. J'en ai été très affecté parce que, du point de vue du gouvernement chinois, mes « activités illégales » avaient dû pénaliser l'enfant.

Les Chinois estiment qu'ils disposaient de l'autorité finale, qu'ils ont exercée au cours de l'histoire du Tibet lorsque sont survenues des scissions internes à la communauté tibétaine au sujet d'un choix de candidats parmi un nombre limité. Les Tibétains s'adressaient alors à l'empereur chinois, à la fois bouddhiste et protecteur du bouddhisme tibétain, afin qu'il prenne la décision ultime devant une image du Bouddha Shakyamuni, en utilisant un « vaisseau doré », dont on extrayait un nom gravé sur une lamelle de bois. C'était au cas où les Tibétains venaient à bout d'arguments spirituels, tout en respectant le rituel.

Mon prédécesseur, le Treizième Dalaï Lama, a été choisi à l'unanimité par le gouvernement tibétain selon le processus habituel, sans consultation extérieure. Lorsqu'on lui avait demandé son avis sur le Neuvième Panchen Lama, il avait indiqué son choix, mais il était trop jeune pour disposer d'une autorité absolue. Comme les Tibétains choisissent en général la voie la plus aisée, ils consultèrent les augures extérieurs du vaisseau doré, ce dont se chargea l'ambassadeur de Chine. Encore une fois, le nom que le Treizième Dalaï Lama avait recommandé avec insistance est sorti du vaisseau.

Comme, à l'époque, les Tibétains faisaient confiance

à l'empereur de Chine, il était naturel qu'ils s'adressent à leur protecteur et à son représentant au cours de certaines activités religieuses importantes. Ce genre de situation a totalement changé aujourd'hui avec le gouvernement chinois en place, dont l'intérêt est de contrôler le pays. En ce qui concerne le Panchen Lama actuel, leur choix s'est porté sur un autre Panchen Lama qui attendait déjà dans le temple avec sa famille. Ensuite, le gouvernement chinois a mis sous surveillance le moine qui, au nom du bouddhisme tibétain, avait « choisi » le bâton – comportement qui relève du totalitarisme.

À plusieurs reprises, j'ai vu des vidéos du Panchen Lama officiel, Gyaltsen Norbu, qui semblait en bonne santé. Dans l'un des films, il enseignait un fragment d'un rituel de longue vie. Il connaissait la cérémonie par cœur et expliquait parfaitement le sens du rituel de longévité.

Vue d'ensemble du poème

Le poème du Premier Panchen Lama en dix-sept strophes propose des techniques bouddhistes spécifiques qui permettront de surmonter la peur de la mort et d'en utiliser les stades pour faire avancer notre progrès spirituel. J'ai l'espoir que cette description des expériences et des transformations physiques fournira une méditation utile à ceux qui se sentent concernés par la mort et les niveaux les plus profonds de l'esprit. Il s'agit aussi d'une source d'informations pour les scientifiques, intéressés pour un travail avec les savants et les yogis sur les phénomènes de la mort. Tandis que les intellectuels considèrent en général que l'esprit émane du corps, quelques spécialistes commencent à envisager l'esprit comme une entité indépendante susceptible d'influencer le corps. Des émotions fortes, telles que la haine, peuvent exercer un effet sur le corps, mais il se pratique aussi des expériences spécifiques d'entraînement de l'esprit, telles que la foi, la compassion, l'absorption méditative sur un objet, la réflexion sur la vacuité ou des méditations spéciales selon la tradition Nyingma du bouddhisme tibétain. Ces expériences démontrent que l'entraînement mental dispose d'une fonction autonome qui influence le corps jusqu'à l'insensibiliser. Je pense que les consultations avec les infirmières des maisons de retraite, par exemple, au sujet des symptômes d'une mort imminente, seraient utiles.

Les sept premières strophes du poème du Panchen Lama expliquent comment envisager la mort. Après une première strophe sur le refuge en Bouddha, sa doctrine et sa communauté spirituelle (ce chapitre-ci), les deux strophes suivantes (chapitre 3) insistent sur la pratique spirituelle qui valorise la vie. Elles décrivent la meilleure manière de réfléchir sur l'impermanence du présent, sa fugacité, afin de réduire notre attachement excessif à des expériences passagères. Les strophes quatre et cinq (chapitre 4) suggèrent de se placer dans une perspective qui maîtrisera la souffrance intolérable survenant parfois à l'heure proche de la mort, comme les illusions. Les strophes six et sept (chapitre 5) indiquent comment contrôler sa mort en se souvenant de ce qu'il faut pratiquer tout en gardant son équilibre. Les trois strophes suivantes (chapitre 6) décrivent longuement les évocations qui surviennent au cours des quatre premières phases de la mort et les différentes manières de méditer pendant ces étapes. Ce passage fait appel à notre connaissance de la dissolution des éléments physiques qui forment le support de la conscience et les expériences qui y correspondent. Celles-ci ouvrent la voie à trois esprits subtils, plus profonds, qui vont se manifester comme le décrit la strophe suivante (chapitre 7) qui explique la structure de l'esprit et du corps selon « Les Stances du Yoga Tantra Supérieur ». Les strophes douze et treize (chapitre 8) relèvent de l'expérience intérieure, culminante et fondamentale, de l'esprit de claire lumière. Ce niveau le plus intérieur de l'esprit est le fondement de toute vie consciente.

Les quatre dernières strophes (chapitre 9 et 10) décrivent l'état intermédiaire (après la mort et précédant la vie suivante), tout en indiquant la manière de réagir aux événements souvent bouleversants qui peuvent survenir durant cet état. Elles indiquent en détail comment, quel que soit son niveau d'avancement spirituel, on peut orienter sa renaissance.

L'ensemble de ces dix-sept strophes prépare à la mort en écartant les conditions défavorables et en guidant la pratique spirituelle au cours de la mort, en apprenant à gérer l'état intermédiaire, ce qui influencera la renaissance suivante.

Début du poème : Obéissance à Manjoushrî

Avant que le poème commence, le Premier Panchen Lama manifeste sa dévotion, son obéissance à Manjoushrî, la manifestation physique de la sagesse de tous les bouddhas. L'auteur considère qu'il n'y a pas de différence entre Manjoushrî et son maître. Son obéissance à Manjoushrî tient à la raison suivante.

Le fondement d'une bonne mort et d'un bon état intermédiaire entre les vies, et même la bouddhéité pendant plusieurs existences, se rattache à la pratique réussie de la pure lumière de la mort. Il y a deux sortes d'attitudes : la compassion et la sagesse. La pratique de la claire lumière pendant la mort relève de la sagesse. Elle est contenue dans les étapes de l'enseignement de l'aspect profond de la comparaison des apparences avec la vacuité de l'existence inhérente – dont la transmission provient de notre bon maître Shakyamouni Bouddha, grâce à Manjoushrî. (Les différents stades de l'enseignement sur les motivations et actions essentielles ont été transmis de la même manière au Bouddha Shakyamouni, par Maitreya et Avalokiteshvara.) Comme une mort sereine et les états intermédiaires entre les vies concernent surtout la sagesse, le Premier Panchen Lama exprime sa vénération pour Manjoushrî :

Obéissance au gourou Manjoushrî

Après avoir manifesté sa soumission à la manifestation de la sagesse, il commence à réciter le poème :

Strophe une

Moi et tous les êtres dans l'espace, sans exception
Prenons refuge jusqu'à l'éveil ultime
Auprès des Bouddhas du passé, du présent et du futur, de la doctrine et de la la communauté spirituelle.
Que nous soyons délivrés des frayeurs de cette vie, de l'état intermédiaire, et du suivant.

Avec un effort personnel, les bouddhistes s'abritent auprès du Bouddha en tant que maître, avec sa doctrine (les états de la réalisation et leurs enseignements), le refuge même, et font confiance à la communauté spirituelle pour les guider. Intérioriser la doctrine protège de la souffrance. Ils considèrent les Trois Joyaux (Bouddha, sa doctrine, la communauté spirituelle) comme le refuge final.

Prendre refuge pour soulager votre propre souffrance et vous libérer des cycles de l'existence ne suffit pas pour atteindre l'ultime refuge. Votre vision ne serait pas assez vaste. Il faut y inclure le bien de tous les êtres sensibles, pour la libération de la souffrance, afin d'atteindre la bouddhéité. L'omniscience de la bouddhéité permet d'accomplir le but premier qui est d'aider les autres.

Il est nécessaire de considérer tous les êtres sensibles à travers l'espace et de chercher à atteindre l'Éveil ultime ou suprême, qui surpasse celui des pratiquants aux buts plus limités. Il implique l'élimination des obstacles non seulement pour la libération des cycles de l'existence mais aussi de l'omniscience. Cet éveil ultime, ou nirvana suprême, se situe au-delà des extrêmes, soit du cycle des existences avec répétition de la naissance, la maladie et la mort (*samsara*) soit la paix inactive, cet état de libération du cycle de la souffrance où manque la pleine capacité d'aider les autres.

Le Premier Panchen Lama conseille à ses lecteurs de prendre refuge auprès du Bouddha, de sa doctrine et de la communauté spirituelle afin d'atteindre l'Éveil le plus haut pour le bien des autres êtres sensibles. C'est ce qu'on appelle le refuge causal : vous prenez refuge auprès des Trois Joyaux instaurés dans le processus mental des autres – en insistant spécialement sur la cessation de la souffrance et les états spirituels engendrés pour la surmonter. Invoquer ceux qui possèdent les Trois Joyaux touche leur compassion, non en la plaçant en eux, mais en vous y ouvrant.

En vous orientant vers le refuge causal, vous pratiquez les doctrines enseignées par le Maître Bouddha qui tenait la communauté spirituelle pour le modèle de la plus haute réalisation. Vous suivez les voies spirituelles et franchissez de nombreux niveaux de la cessation de la souffrance. De cette façon, vous deviendrez un membre de la communauté spirituelle en atteignant un degré élevé. Peu à peu s'éliminera ce qui fait obstacle à la libération du cycle des existences, et vous deviendrez un Bouddha. Délivré de vos craintes, vous aurez atteint l'omniscience qui vous permet de connaître la nature des autres et de comprendre quelles techniques peuvent les aider. Pour atteindre un tel résultat, cette strophe s'adresse aux trois sources de la cause du refuge pour faire appel à leur compassion.

Puisque le refuge est le commencement de la pratique bouddhiste, le premier souhait du texte du Panchen Lama s'y réfère. Sans le refuge, il est difficile de réussir les autres pratiques. Une attitude de totale confiance envers les Trois Joyaux ne suffit pas. Ainsi que l'a dit le Bouddha : « Je vous enseigne la Voie de la libération. Sachez que cette libération même dépend de vous. » Bouddha n'est que le maître de la Voie. Il ne fait pas cadeau de la réalisation : chacun doit accomplir l'effort de pratiquer l'éthique, l'absorption méditative et la sagesse.

Considérez par exemple, le mantra *Om Mani Padme Hum*, que l'on récite pour faire appel à sa propre compassion envers les différentes variétés d'êtres sensibles. Après avoir terminé une session de répétitions – vingt et une, cent huit ou plus –, sa valeur se définit en récitant une prière en liaison avec Avalokiteshvara, qui représente la manifestation physique de la compassion de tous les Bouddhas :

> Par la vertu de cette pratique,
> Que j'atteigne rapidement un état
> Égal à celui d'Avalokiteshvara

Afin d'aider tous les êtres sensibles à atteindre
le même niveau.

Il est impossible d'atteindre la bouddhéité en récitant seulement *Om Mani Padme Hum*, mais si cette pratique se joint à un altruisme véritable, elle peut aider à atteindre la bouddhéité. De la même manière, si vous fréquentez, rencontrez ou écoutez un maître qualifié, cela peut avoir un effet positif qui vous aidera à développer une expérience spirituelle plus profonde. Lorsque mon tuteur le plus âgé, Ling Rinpoché, et moi touchions nos fronts au début d'une réunion formelle, ou à d'autres moments, quand je prenais sa main et la portais à mon front, cela me communiquait une force intime qui accroissait ma foi et ma confiance. À l'époque de Bouddha, quand une personne qui le respectait et l'aimait réellement touchait ses pieds, cela lui apportait un bienfait. Si quelqu'un qui n'avait ni foi ni respect envers Bouddha étreignait sa jambe et pressait sa tête contre elle, il n'en aurait reçu aucun effet bénéfique. Si le maître accorde beaucoup, le disciple doit donner bien davantage.

Un merveilleux lama de la province d'Amdo, lorsqu'on lui demandait une bénédiction par l'imposition de sa main sur la tête de l'impétrant, disait : « Je ne suis pas un lama qui peut accorder la libération en mettant ma main – qui possède la nature de la souffrance – sur la tête de quelqu'un. »

Résumé des conseils

1. Le point de départ de votre pratique devrait être le bien de tous les êtres vivants – leur libération de la souffrance et l'atteinte de la perfection. Affinez cette intention pour aider les autres autant que possible. Essayez au moins de ne pas leur causer de tort.

2. Les Bouddhas enseignent la voie spirituelle. Ils ne vous font pas cadeau du résultat. Vous devez pratiquer l'éthique, l'absorption méditative et la sagesse au quotidien.

3

Se préparer à mourir

« Ignorant que je devais tout quitter et partir, j'ai commis divers méfaits pour le bien d'amis et d'ennemis. »

Bouddha

Strophe deux

Que nous puissions extraire l'essence significative de ce soutien de vie
Sans être distraits par les affaires inutiles de cette existence
Puisque cette base solide, difficile à acquérir et facile à détruire
Présente l'opportunité de choisir entre profit et perte, confort et misère.

Il est nécessaire de disposer de conditions favorables à l'intérieur comme à l'extérieur pour réussir une pratique. Vous les possédez déjà. Par exemple, en tant qu'êtres humains, nous, notre corps et notre esprit nous aident à comprendre l'enseignement. Cette condition intérieure est essentielle. Extérieurement, vous avez besoin de recevoir des pratiques et la liberté de les mettre en œuvre. Le succès est garanti si vous vous concentrez sérieusement. Si vous ne vous donnez pas beaucoup de mal, il se produira un énorme gaspillage. Il faut connaître ces conditions, si elles font défaut, vous n'aurez même pas l'occasion de vous exercer. Mieux vaut estimer la valeur de votre capital actuel.

Puisque vous possédez un corps humain ainsi qu'un environnement décent, en y ajoutant la volonté de pratiquer, vous pourrez valoriser votre existence. C'est important. Il est temps de vous y mettre ! Si vous vous concentrez sur des causes valables, vous pouvez en mener à bien de nombreuses. Si vous êtes motivé par ces trois poisons que sont le désir sexuel, la haine et le désordre, vous obtiendrez le même résultat en commettant de mauvaises actions sous des formes variées.

Il est très difficile pour d'autres êtres sensibles, tels que les animaux, qui n'ont pas notre équilibre humain, de suivre la voie droite avec leur propre force. Il existe quelques rares cas d'animaux ayant accompli des actions positives, mais parce que les circonstances leur étaient favorables. Mais il est compliqué pour eux de penser. Quand ils subissent l'emprise de la sexualité ou de la haine, il ne s'agit que d'expressions temporaires ou superficielles. Ils sont incapables de mauvaises actions physiques et verbales puissantes et variées. Les humains, eux, sont aptes à concevoir de nombreux points de vue. Parce que leur intelligence est plus efficace, les hommes peuvent se livrer au bien et au mal sur une plus vaste échelle.

Lorsque l'homme tend vers le bien, il possède un grand pouvoir. Si vous êtes vigilants et vous concentrez sur des actions vertueuses, les buts de cette vie comme ceux de nos vies futures peuvent être atteints. Si vous n'êtes pas vigilants, vos mauvaises actions peuvent provoquer une immense souffrance. C'est pourquoi, bien que toutes sortes d'êtres aient évolué sur cette planète depuis sa formation, ceux qui l'ont fait progresser davantage sont les humains, mais ceux qui accumulent le plus d'angoisse, de souffrances et d'autres problèmes – tels que la menace de la destruction de la terre – sont aussi des humains. Les hommes sont capables du meilleur et du pire. Puisque vous disposez de la capacité physique d'atteindre le profit et la perte, le confort et la misère, vous devriez vous en servir sans dommages.

Si vous étiez persuadé d'avoir ce choix pendant une longue suite de vies, il ne serait peut-être pas grave de faire des folies durant votre existence. Mais tel n'est pas le cas. Un changement dans un phénomène implique que celui-ci dépend d'une cause ; les changements de notre corps signifient que lui aussi subit des causes diverses. Des éléments de votre père et votre mère font partie des causes et conditions de votre corps. Pour que l'ovaire de votre mère et le sperme de votre père se soient unis, d'autres causes sont requises.

Mais, si la création de ce corps constitué de chair et de sang ne dépendait que d'un ovule et du sperme, comme l'ovule et le sperme n'étaient pas présents à l'époque de la formation de l'univers, et puisqu'ils n'ont pas surgi sans cause (compte tenu qu'ils auraient dû alors apparaître soit partout et tout le temps, ou jamais), cela signifie qu'il existe d'autres facteurs : notamment le karma.

Chaque structure de l'univers comprend des ères de formation, une continuité, une désintégration, et finalement une période de néant. Après cette quadruple séquence, un monde nouveau se forme à partir de la circulation des vents, ou énergies, et du développement ultérieur des autres éléments. Même si un tel processus se trouve en conformité avec les dernières découvertes scientifiques comme avec la philosophie bouddhiste, il y eut un temps où l'univers n'existait pas. Le processus de la formation d'un monde débute grâce à bien des causes et conditions qui, elles-mêmes, créent des phénomènes. Ces phénomènes sont soit l'œuvre d'une divinité créatrice, soit ils sont issus de la forme du karma (les actions précédentes) des personnes qui allaient naître en ce lieu, l'expérimenter et vivre dans cet environnement. D'un point de vue bouddhiste, il est impossible pour ce qui relève d'une cause donnée, et se trouve donc impermanent (y compris un univers), de dépendre pour sa création des directives ou de la puissante motivation d'une divinité sans origine.

En fait, le processus de formation de l'environnement se fait par la force du karma des êtres sensibles. Pensez qu'il n'y a pas de cause sans effet. Il existe une loi stricte de cause à effet qui implique que, sur le long terme, les bonnes causes produisent de bons résultats et les mauvaises causes de mauvais. Cela signifie que, sur le long terme, un bon effet est précédé par une accumulation de bonnes causes. De même, pour parvenir à un effet considérable il est nécessaire de disposer à l'origine d'une puissante cause. En ce qui concerne notre humaine nature physique ou base de vie, il était indispensable d'avoir accumulé en nos précédentes existences de multiples causes et conditions puissantes qui font individuellement naître la forme, la couleur, la clarté des sens ainsi que d'autres spécificités du corps.

Si, après avoir achevé une action vertueuse et en avoir accumulé la teneur, celle-ci se maintenait sans dégénérer jusqu'à ce que ses fruits parviennent intacts dans cette vie ou en une vie future, nous ne serions pas si fragiles. Mais tel n'est pas le cas. À l'inverse, la présence d'un fort état d'esprit négatif récurrent, tel que la colère par exemple, annule la capacité de parvenir à une forte teneur de vertu qui fait qu'elle ne peut poursuivre sa croissance, comme une graine brûlée par le soleil. Inversement, la multiplication de fortes attitudes vertueuses écrase les pouvoirs suscités par les fautes non vertueuses, les rendant ainsi inaptes à poursuivre *leurs* effets. Ainsi, il est nécessaire non seulement de parvenir à rassembler beaucoup de causes constructives mais aussi d'éviter les forces contraires qui inciteraient les causes bénéfiques à dégénérer.

Les bonnes actions requises pour accumuler ces causes, ou potentiels, proviennent d'un esprit discipliné, tandis que les mauvaises actions naissent d'un esprit indompté. Des êtres humains ordinaires tels que nous sont habitués depuis la nuit des temps à être soumis à leur instinct. Étant donné cette prédisposition initiale, nous pouvons conclure que des agissements qui proviennent de notre fonds animal déploient en général leur puissance en nous, tandis que les actes issus d'un esprit discipliné ont moins de force. Il est essentiel de savoir que cette excellente vie, soutien du corps que nous possédons aujourd'hui, est le résultat global d'un ensemble de bonnes actions, fruit dans le passé d'un esprit discipliné. Il a été très laborieux de parvenir à une telle amélioration, et puisque c'est précieux, nous devons l'utiliser à bon escient, en prenant bien soin de ne pas la gaspiller. Si ces dispositions n'étaient pas si rares et si délicates à obtenir, nous n'aurions pas à nous en préoccuper, mais tel n'est pas le cas.

Si cette structure de l'esprit, difficile à atteindre, était stable, permanente, et non sujette à la détérioration, nous disposerions d'un certain temps pour l'utiliser. Cependant, ce système vital est fragile et susceptible de se désintégrer sous l'effet d'un certain nombre de causes aussi bien internes qu'externes. Les *Quatre cents strophes sur les actions yoga des bodhisattvas* d'Ârya-veda affirment que, autrefois, le corps dépendait des quatre éléments : la terre, l'eau, le feu et le souffle qui s'opposent entre eux. En conséquence, le bien-être physique tient à un équilibre précaire entre ces éléments qui ne constituent pas en soi une harmonie durable. Par exemple, si vous avez froid, la chaleur est agréable au début mais elle peut devenir insupportable. Il en va de même pour les maladies. Un médicament destiné à guérir une maladie spécifique peut éventuellement susciter des effets secondaires qui risquent d'être préjudiciables. Il faut alors les contrecarrer. Nos organismes peuvent devenir source de troubles et de complications. Notre bien-être en cette vie tient simplement à l'absence de tels problèmes.

Nos corps s'alimentent grâce à la nourriture, mais si nous en abusons, ce qui était indispensable pour nous maintenir en bonne santé se transforme en maladie et douleur. Des régions sous-alimentées en proie à la famine, la faim et l'inanition sont le lieu de terribles souffrances. Dans les pays qui disposent d'un grand nombre d'aliments variés, bien des maux proviennent de la surabondance des mets, comme l'indigestion. Lorsqu'un équilibre s'établit entre ces extrêmes, et sans complications, nous appelons cet état le « bonheur », mais il serait stupide de s'imaginer que nous avons échappé ou que nous échapperons à toute maladie. Le genre d'organisme qui est le nôtre est un nid à problèmes. Si nous ne connaissions ni maladies, ni guerres, ni famines, nous ne mourrions jamais. La nature de notre corps est de se désintégrer. Dès le moment de la conception, le corps est destiné à disparaître.

Ce corps humain est un don précieux, doté de nombreuses capacités, et pourtant fragile. Par le seul fait d'être vivant, vous êtes un point de jonction très important et vous portez une grande responsabilité. Vous avez la possibilité de faire le bien autant à vous qu'aux autres, aussi, si vous vous laissez distraire par des affaires mineures au cours de votre existence, quel gâchis !

Promettez-vous de mener à bien votre vie avec ce corps d'une manière efficace et demandez à votre gourou, aux trois refuges et à d'autres soutiens de vous aider. Exhortez-vous de l'intérieur et réclamez de l'aide à l'extérieur. Il ne s'agit pas tant de réciter les mots de ces strophes mais de réfléchir sur leur sens, en cherchant à les rendre présents à votre esprit.

En résumé, puisque le corps humain où loge votre vie est, en fin de compte, bénéfique, et que ceci a été difficile à obtenir et risque de se désintégrer aisément, vous devriez l'utiliser pour votre bien comme pour celui des autres. Ce qui est positif émane d'un esprit discipliné. Lorsque votre esprit est paisible, serein, et heureux, des plaisirs externes tels qu'une nourriture raffinée, des vêtements élégants et des conversations entre amis rendent l'existence plus agréable, mais leur absence ne vous accablera pas. Si votre esprit n'est pas en paix et discipliné, peu importe la qualité de ce qui vous entoure, vous serez toujours accablé par l'effroi, l'espoir et la peur. Avec un esprit discipliné, vous tirerez parti de la richesse ou de la pauvreté, de la santé ou de la maladie. Il en va de même si vous n'avez aucun ami. Les racines de votre propre bonheur comme de votre bien-être tiennent à un esprit serein et discipliné. En ce qui concerne les autres, lorsque vous disposez d'un esprit serein et discipliné, la vie de vos amis, époux, parents, enfants et connaissances en sera plus agréable. Votre foyer est paisible, et ceux qui l'occupent se sentent parfaitement détendus. À peine ont-ils franchi votre seuil que vos hôtes éprouvent un certain bonheur. En revanche, si votre esprit est tourmenté et indompté, non seulement vous serez perpétuellement de mauvaise humeur, mais ceux qui pénètrent chez vous percevront immédiatement que bien des disputes ont lieu en votre domicile et que vous vous trouvez fréquemment au bord de la crise.

Puisque discipliner son esprit crée le bonheur et que, dans le cas contraire, vous seriez très malheureux, cherchez à diminuer vos pulsions indomptées. Renoncez à prendre le dessus sur vos ennemis, à favoriser vos amis, à accroître vos profits financiers, etc., et essayez plutôt de dompter ou d'entraîner vers le bien votre esprit, autant que possible. C'est le moyen d'extraire l'essence emblématique de ce précieux corps humain si ténu.

Résumé des conseils

1. Prenez conscience de la valeur de ce corps qui est le vôtre car il est le fruit d'un grand nombre de bonnes causes passées. Rendez-vous compte que l'enseignement est à votre disposition, prêt à être instrumentalisé.

2. Puisque cette précieuse vie humaine peut être utilisée selon de puissants moyens positifs ou d'une manière destructrice et qu'elle est en soi tellement fragile, essayez dès maintenant d'en faire bon usage.

3. Le bien-être physique correspond à un équilibre occasionnel des éléments de l'organisme et ne provient

pas d'une harmonie profonde. Prenez le temporaire pour ce qu'il est.

4. Un esprit discipliné vous rend serein, détendu et heureux, tandis que, si votre esprit est tourmenté, peu importe la qualité de ce qui vous entoure, vous serez assailli de terreurs et d'inquiétude. Dites-vous bien que les racines de votre propre bonheur et de votre bien-être proviennent d'un esprit paisible et discipliné. Il en émane de la joie pour ceux qui vous entourent.

Strophe trois

Puissions-nous comprendre qu'il n'y a pas de temps à perdre,
La mort étant connue mais l'heure de la mort inconnue.
Ce qui a été assemblé sera séparé, ce qui a été accumulé sera consumé.
Au firmament commence la descente. La finalité de la naissance est la mort.

Depuis l'origine des temps, nous nous trouvons sous l'influence d'une illusion de permanence, aussi croyons-nous que nous disposons devant nous d'un laps de temps illimité, ce qui nous met en grand danger de gâcher notre existence en remettant tout au lendemain. Pour contrer cette tendance, il est essentiel de méditer sur l'impermanence comme sur le fait que notre mort peut survenir à n'importe quel moment.

Même s'il n'existe aucune certitude que vous *allez* mourir cette nuit, lorsque vous prenez conscience de la mort, vous vous rendez compte que vous *pouvez* mourir cette nuit. S'il vous est possible d'agir en un sens qui vous aidera en cette vie et la suivante, vous donnerez la priorité à cette attitude sur les conditions qui vous facilitent l'existence d'une manière superficielle. De plus, en ignorant l'heure de votre mort, vous éviterez de commettre ce qui vous causerait du tort aussi bien en cette vie que dans la prochaine. Tandis que s'accroît votre prudence, vous vous efforcerez d'autant plus de ne pas accumuler des prédispositions défavorables qui s'exprimeraient par des actes incontrôlés. Vous serez au contraire motivé pour développer, selon vos capacités, des attitudes qui agiront comme autant d'antidotes aux manifestations variées d'un esprit grossier. Alors, que vous viviez un seul jour, une semaine, un mois ou un an, votre temps prendra sens. Vos pensées comme vos actes seront fondés sur ce qui vous permettra de progresser à long terme, et plus longtemps vous vivrez, plus positif ce sera.

En revanche, s'il vous arrive de tomber sous l'influence de l'illusion de la permanence et que vous passiez votre temps à demeurer à la surface de votre existence, vous aurez à subir une grande perte. C'est pourquoi, avec cette strophe, le Panchen Lama oriente notre attention sur la valeur de chaque instant.

En ce qui me concerne, j'ai maintenant soixante-sept ans. Je suis le plus vieux des treize Dalaï Lamas qui m'ont précédé, sauf le Premier Dalaï Lama, Gendrun Drup, parvenu à sa huitième décennie. Le Cinquième Dalaï Lama a vécu jusqu'à soixante-six ans. Je suis plus âgé que lui : je suis un vieil homme ! Et pourtant, en raison des dernières techniques de traitement médical comme de l'amélioration des conditions de vie, j'ai quelque espoir de rester en ce monde jusqu'à quatre-vingts ou quatre-vingt-dix ans. Mais il est certain que, tôt ou tard, je vais mourir. Nous, les Tibétains, pensons même que nous pouvons prolonger notre espérance de vie grâce à nos rituels, mais je ne suis pas certain que, en fait, les pratiquants vivent plus longtemps.

Pour améliorer le rituel durant une longue vie, il est nécessaire d'obtenir une visualisation stable des images mentales en pratiquant l'absorption méditative. En plus, il est indispensable de prendre conscience de la vacuité de l'existence intrinsèque, puisque c'est la sagesse même qui s'exprime tandis que vous imaginez votre moi idéal. Il est également nécessaire d'éprouver de la compassion envers autrui pour recevoir l'Éveil. Ces conditions requises rendent difficiles les méditations au cours d'une longue vie.

Comme notre conviction de la permanence et de l'amour de soi s'implantent en notre cœur comme s'il s'agissait du centre du monde, et qu'ils causent notre perte, les méditations les plus fructueuses portent sur l'impermanence, la vacuité de l'existence intrinsèque et la compassion. Sans cet apport, les rituels d'une longue vie ne sont d'aucune aide. C'est la raison pour laquelle Bouddha a souligné que les deux ailes de l'oiseau qui s'envole vers l'illumination sont celle de la compassion et celle de la sagesse. Les positions inverses, la permanence et l'amour de soi, depuis le commencement des temps ont sapé nos tendances vers le bonheur.

À l'âge d'environ quinze ou seize ans, j'ai étudié les différents stades de la voie qui mène à l'Éveil et j'ai alors commencé une forme de méditation pour en travailler chaque degré. J'ai aussi entrepris de donner un enseignement durant lequel il me fallait réussir la performance de pratiquer de plus en plus de méditation analytique, puisque enseignement et méditation analytique fonctionnent main dans la main. Le thème de la prise de conscience de la mort s'organise autour de trois racines, neuf raisons et trois décisions.

Première racine : la contemplation de la mort est précise

1. parce que la mort se présentera en tout état de cause et qu'on ne peut l'éviter,

2. parce que notre espérance de vie ne peut s'étendre et que la fin se rapproche sans cesse,

3. parce que même lorsque nous sommes en vie, il nous reste peu de temps pour la pratique spirituelle.

Première décision : Je dois pratiquer.

Deuxième racine : la contemplation de la mort est incertaine

4. parce que notre espérance de vie en ce monde est inconnue,

5. parce que les causes de la mort sont très nombreuses et les raisons de vivre rares,

6. parce que l'heure de la mort est inconnue en raison de la fragilité de notre corps.

Deuxième décision : Je dois pratiquer maintenant.

Troisième racine : Méditez que, à l'heure de la mort, rien n'aide sauf la pratique

7. parce que, à l'heure de la mort, nos amis ne nous sont d'aucune utilité,

8. parce que, à l'heure de la mort, notre fortune ne sert à rien,

9. parce que, à l'heure de la mort, notre corps ne nous apporte aucune aide.

Troisième décision : Je vais m'entraîner à me détacher de toutes les merveilles de cette vie.

Dans le cycle des existences, ce qui s'est rassemblé – parents, enfants, frères et sœurs, amis – tout naturellement se disperse. Peu importe à quel degré on est attaché : il faudra en tout état de cause se séparer. Les gourous et les disciples, les parents et les enfants, les frères et les sœurs, les maris et les femmes, les amis – peu importe qui ils sont –, tous doivent un jour s'arracher les uns aux autres.

Tant que mon maître le plus ancien, Ling Rinpoché, se trouvait en bonne santé, il m'était presque impossible, voire insupportable, de songer à sa mort. Pour moi, il représentait le roc le plus solide sur lequel m'appuyer. Je me demandais même comment je pourrais survivre sans sa présence. Lorsqu'il a subi une première attaque, suivie d'une seconde plus sévère, une part de mon esprit commença à se dire : « Il serait peut-être mieux qu'il s'en aille maintenant. » Il m'est arrivé de penser qu'il avait délibérément choisi cette étape de manière que, lorsqu'il s'en irait définitivement, je me sois préparé à prendre en main la tâche qui m'incombait : me mettre à la recherche de sa réincarnation.

Non seulement disparaissent tous nos amis, nos biens et les possessions que nous avons pu accumuler – quelle que soit leur valeur –, mais de plus tout est désormais inutile. Peu importe votre rang ou votre position élevée, votre chute est inéluctable. Pour m'en souvenir, alors que je montais sur le podium où j'enseigne et tandis que je m'asseyais, je me récitais le sutra du diamant sur l'impermanence.

> Examine les choses nées des agrégats combinés des causes
> Telles des étoiles scintillantes, imagination d'un œil malade,
> La lueur vacillante d'une lampe à beurre, illusions magiques
> Rosée, bulles, rêves, éclairs et nuages.

Je réfléchissais à la fragilité des phénomènes qui ont une cause, puis je claquai des doigts : le son bref symbolisait l'impermanence. C'est alors que je me suis souvenu que j'allais bientôt descendre de ce trône.

Tout être vivant – peu importe la durée de sa vie – est certain de mourir. Il n'existe aucune échappatoire. Dès lors que vous vous insérez dans une existence cyclique, vous ne pouvez vous évader de votre nature. Peu importent les merveilles qui vous entourent, il est inclus dans leur nature qu'elles iront, comme vous-même qui y prenez un tel plaisir, vers une dégénérescence finale.

Non seulement en fin de compte vous mourrez, mais vous ignorez la date de votre dernière heure. Si vous la connaissiez, vous pourriez commencer à vous préparer. Même si vous semblez capable d'atteindre un âge avancé, vous ne pouvez affirmer à cent pour cent qu'aujourd'hui ne sera pas le jour de votre mort. Il ne faut pas tout remettre au lendemain. Au contraire, il faut vous préparer de manière que, si vous passez cette nuit de vie à trépas, vous n'en éprouviez pas de regrets. Si vous creusez le sujet de l'incertitude et de l'imminence de votre mort, votre désir d'utiliser le temps qui vous reste avec sagesse deviendra de plus en plus fort. Comme disait le yogi tibétain Tsongkhapa :

> Lorsque l'on saisit la difficulté de percevoir ce corps humain il devient impossible de rester sans rien faire.
>
> Lorsque l'on comprend son sens profond, passer le temps d'une manière insensée est cause de chagrin.
>
> Lorsque l'on contemple la mort, on se prépare à mener sa prochaine vie.
>
> Lorsque l'on médite sur les actes et leurs effets, les sources d'inconscience se tarissent.

Lorsque sur la voie ces quatre racines ont retrouvé leur assise
D'autres pratiques vertueuses croîtront facilement.

Songer à la mort est non seulement utile pour se préparer à l'agonie et susciter des actions qui profiteront à notre prochaine existence, mais cet exercice touche dramatiquement notre perception mentale. Par exemple, lorsque les gens ne sont pas habitués à être conscients de leur mort inéluctable, et cela, même s'il est manifeste qu'ils sont très vieux et qu'ils vont bientôt passer de l'autre côté, leurs amis comme leur famille ont le sentiment qu'il est impossible de leur parler d'une manière réaliste. Ils éprouvent même le besoin de les complimenter sur leur bonne mine. Tous savent qu'il s'agit d'un mensonge. C'est ridicule !

Parfois, même des patients qui se trouvent en phase terminale d'une maladie telle que le cancer évitent d'employer des termes comme « mourir » ou « la mort ». Je trouve presque impossible de leur parler de leur mort imminente, ils se refusent à l'entendre. À ceux qui n'ont pas le courage d'affronter même le mot « mort », quelle qu'en soit la réalité, la venue de la mort risque d'apporter un grand trouble et de faire peur. Par ailleurs, lorsque je rencontre un médecin qui approche de sa dernière heure, je n'hésite pas à lui dire : « Que vous disparaissiez ou que vous vous rétablissiez, vous avez besoin de vous préparer aux deux hypothèses. » Il est parfaitement possible de méditer ensemble sur l'imminence de la mort. À quoi bon dissimuler les choses à une personne qui s'apprête à affronter la mort sans regret ? Un médecin qui, auparavant, a songé à l'impermanence est beaucoup plus courageux et heureux à l'heure de sa mort. Méditer sur l'incertitude de l'heure de sa propre mort nourrit l'esprit de paix, de discipline et de vertu, parce qu'on lui fournit ainsi bien davantage que le matériau superficiel d'une courte vie.

Résumé des conseils

1. Si vous développez le sens de l'incertitude de l'heure de votre mort, vous utiliserez mieux votre temps.
2. Pour éviter de remettre au lendemain votre pratique spirituelle, essayez d'éviter l'influence d'une illusion de permanence.
3. Prenez conscience que, quelque merveilleuse que puisse être une situation, il est dans sa nature de prendre fin.
4. Ne croyez pas que vous disposerez de temps plus tard.
5. Soyez honnête devant votre propre mort. Encouragez avec tact les autres à être francs en ce qui concerne leur propre mort. Ne vous trompez pas les uns les autres à force de compliments lorsque l'heure de la mort est proche. L'honnêteté engendre courage et joie.

4

Surmonter les obstacles qui s'opposent à une mort favorable

« Vous avez beau vous accrocher, vous ne pouvez rester. Quel bénéfice y a-t-il à avoir peur et à être effrayé de ce qui est inéluctable ? »

Bouddha.

Strophe quatre

Puissions-nous être délivrés de la souffrance incommensurable due aux causes variées de la mort
Quand dans ce monde de conceptions erronées du sujet et de l'objet
Le Corps illusoire composé des quatre éléments impurs
Et de la conscience sont sur le point de se séparer.

Commencez aussi tôt que possible en cette vie à mettre en pratique des états d'esprit vertueux. Il vous sera alors possible de diriger votre esprit vers la vertu, même à l'heure de votre propre mort. Durant le processus de votre mort, il se peut que vous soyez envahi par la douleur d'une maladie terrible. Vous pourriez mourir brutalement au cours d'un accident ou d'une attaque cérébrale, à moins que vous n'alliez pas au bout de la durée de votre vie, parce que vous aurez épuisé votre mérite, ayant utilisé la réserve de bon karma qui vous permet de mener votre existence. De telles circonstances pourraient rendre une longue pratique d'états d'esprit vertueux impossible à gérer (quoique ce ne soit pas nécessairement le cas). Un excès de souffrance pourrait provoquer une telle frayeur que la contemplation s'avérerait impossible, sauf pour ceux qui, à un degré élevé, disposent d'un pouvoir d'absorption méditative. C'est la raison pour laquelle il est important de souhaiter maintenant être libéré d'une douleur et d'une peur si envahissantes, pour mourir d'une manière détendue ; ce qui renforce les dispositions à la vertu que vous avez cultivées ; ainsi comprendrez-vous davantage le sens de votre mort.

Puisque la mort implique la séparation du corps et de l'esprit, il est essentiel d'avoir conscience de la nature du « moi » qui se trouve en relation avec la nature même des agrégats physiques et mentaux. Le type de corps que nous possédons se définit comme une entité pure, issue des quatre éléments – la terre, l'eau, le feu et le souffle –, soumis à la douleur à partir de causes infimes. Ce corps est semblable à une illusion. Il est présent à un certain moment et disparaît l'instant suivant. Nous paraissons exister d'une manière inhérente mais, en réalité, nous sommes vides d'une telle existence intrinsèque. Paraissant propre quand il est lavé, heureux, immanent et sous contrôle, le corps habite pour ainsi dire une cité de fausses conceptions, d'illusions sur la nature de la conscience et de ses objets.

La cité des conceptions erronées évoquée dans la quatrième strophe se réfère au cycle des existences. Elle se compose d'actions (karma) qui subissent l'influence d'émotions perturbatrices. Celles-ci naissent de l'ignorance, et en particulier d'une conception de l'existence inhérente qui se trompe sur la nature du moi et des choses en les concevant comme existant de leur propre chef. L'ignorance est la cause fondamentale des pénibles enchaînements du cycle des existences.

Cette fausse conception de l'existence intrinsèque provoque le karma – c'est-à-dire à la fois les actions et les prédispositions accumulées par ces actions –, moteur du cycle des existences. Les phénomènes liés à ce processus de l'ignorance paraissent exister d'une manière intrinsèque, mais tel n'est pas le cas. Ils forment ainsi un monde d'erreurs. Le monde du cycle des existences est né de la conception erronée que sujet et objet – celui qui appréhende et la chose appréhendée, les phénomènes extérieurs et intérieurs – existent dans et par eux-mêmes, d'une manière intrinsèque, d'eux-mêmes.

Grâce à cette strophe, vous formulez le souhait que, lorsque la conscience sera sur le point de se séparer de ce corps illusoire composé des quatre éléments, vous n'en serez pas affligé outre mesure parce que votre pratique victorieuse vous protège. La luxure et la haine sont des conditions qui font obstacle à toute attitude vertueuse.

Résumé des conseils

1. Pratiquez à l'heure présente, afin qu'au moment de la mort l'habitude de la vertu oriente votre attitude positivement.

2. Regardez votre corps comme un monde de fausses valeurs. Il vous semble propre quand vous le lavez, de même que source de félicité permanente et sous votre contrôle, ce qui n'est pas le cas. Il émane des quatre éléments (terre, eau, feu et souffle), il subit la douleur et évolue d'un instant à l'autre selon ses propres pulsions.

3. Les êtres et les choses semblent exister en soi. L'ignorance accepte cette illusion, qui déclenche les émotions douloureuses d'une sexualité exacerbée, de la haine et de la confusion. Ces émotions douloureuses polluent à leur tour les gestes du corps, la parole et l'esprit, en relançant le processus du cycle des existences. Pénétrez-vous de l'idée que vous vivez dans un monde de fausses conceptions.

Strophe cinq

Puissions-nous être délivrés des apparitions erronées de la faute
Lorsque, déçu à l'heure du dénouement par ce corps si chèrement entretenu
Les ennemis terrifiants, les seigneurs de la mort, se manifestent

Et que nous nous détruisons avec les armes des trois poisons que sont la luxure, la haine et la confusion.

L'heure de la mort est cruciale car elle marque la fin d'une vie et le début d'une autre. Si à cet instant majeur votre corps demeurait avec vous, vous pourriez lui faire confiance, mais brusquement, il vous abandonne. Nourri de si bonne chère, vêtu de superbes vêtements, votre corps, pour lequel vous avez tant dépensé, que vous avez logé, à qui vous avez donné des médicaments, et qui vous a même incité à commettre de mauvaises actions, vous déserte.

La simple mention de la mort nous est désagréable. Quand le processus de votre propre mort devient apparent et que les aspects effrayants de l'impermanence, appelé « seigneurs de la mort » dans le poème, se manifestent, certaines personnes réagissent par un violent attachement à leurs possessions, à leurs parents, à leurs amis, ainsi qu'à leur corps, tandis que d'autres font preuve de haine envers leurs ennemis comme envers leur souffrance insupportable. Si l'obsession sexuelle et la haine ne sont pas en cause, vous demeurez trop attaché à votre existence intrinsèque, comme aux apparences, signe de l'ignorance. Ces trois poisons – le désir lubrique, la haine de l'autre, et l'ignorance – forment autant d'obstacles à la pratique de la vertu. Ce sont les armes avec lesquelles vous vous achevez au moment de la mort. Pour empêcher ces pensées délétères de surgir pendant le processus de la mort, priez pour qu'une forte envie de luxure et un regain de haine ne vous atteignent pas et que des illusions ne viennent pas vous tourmenter.

À l'article de la mort, il est important de ne pas prendre de médicaments qui vous empêchent de penser. Un pratiquant religieux se doit d'éviter les drogues abrutissantes puisque la conscience doit être aussi lucide que possible. Se faire faire une piqûre pour obtenir une « mort paisible », c'est se priver de la chance de réfléchir sur l'impermanence, en y trouvant la paix, en éprouvant de la compassion, ou en méditant sur l'altruisme. Une drogue contre la douleur qui n'engourdit pas l'esprit peut être utile dans la mesure où elle n'interrompt pas le fonctionnement mental habituel, qui évite alors d'être distrait par la douleur.

Résumé des conseils

1. Comprenez bien que ce corps que vous soignez à tout prix vous abandonnera un jour.
2. Évitez de regretter la situation que vous quittez.
3. Évitez de redouter votre départ.
4. Tenez-vous loin du désir sexuel, de la haine et de l'ignorance, de façon à pouvoir mener une pratique vertueuse en mourant.
5. Prenez conscience du fait que, en prenant une pilule ou une injection pour obtenir une mort prétendument paisible, vous vous privez de l'occasion cruciale de pratiquer la vertu.

5

Acquérir des conditions favorables au moment de la mort

> « Certains meurent dans les entrailles de leur mère / d'autres à la naissance / d'autres encore quand ils peuvent ramper / d'autres lorsqu'ils peuvent marcher / Les uns sont vieux, les autres adultes / Ils s'en vont les uns après les autres / comme les fruits tombent à terre. »
>
> Bouddha.

Strophe six

Puissions-nous nous souvenir des enseignements de la pratique
Quand les médecins nous abandonnent et que les rituels sont dépassés
Que les amis ont renoncé à l'espoir de notre vie
Et qu'il ne nous reste plus rien à faire.

Le chapitre précédent mentionne deux obstacles à une bonne mort : une souffrance irrépressible et les illusions que provoquent la terreur, la haine, ou la confusion mentale. Tout en cherchant à éviter ces obstacles, il vous faut adopter un comportement généreux en vous souvenant de votre pratique. Quand il n'y a plus d'espoir, que les médecins ont renoncé à vous sauver, quand les rites religieux ne servent plus à rien, que vos amis et vos parents ont abandonné toute espérance, à vous de tenter ce qui peut vous être utile. Tant que vous gardez une conscience claire, vous devez faire tout ce que vous pouvez pour conserver un esprit tourné vers la vertu.

Pour y parvenir, vous aurez besoin de vous souvenir des instructions qui suscitent un comportement vertueux. Ainsi que je l'évoquerai dans les strophes suivantes, ces instructions doivent être utilisées avant la claire lumière de la mort, quand la claire lumière de la mort se manifeste, quand la claire lumière de la mort disparaît ensuite et que débute l'état intermédiaire. Pendant ce stade intermédiaire, on peut accomplir des exercices spéciaux de yoga. Quels que soient les enseignements que vous ayez reçus selon vos capacités et votre intelligence, vous aurez besoin de vous en souvenir clairement à ce moment-là. Utilisez vos pratiques habituelles au niveau que vous avez atteint.

Les cinq forces suivantes stimuleront votre pratique :

1. *La force de l'habitude.* Cultivez souvent et familiarisez-vous avec votre pratique, que ce soit avec l'intention d'être délivré du cycle des existences, de développer l'amour et la compassion, dans l'intention

d'atteindre l'Éveil pour le bien des autres, ou des niveaux du Yoga Tantra Supérieur.

2. *La force d'orienter l'avenir*. Pensez : « Je continuerai ma pratique pendant cette vie, l'état intermédiaire, et mes vies futures jusqu'à ce que j'atteigne la bouddhéité. »

3. *La force des bonnes graines*. Amassez la force des actions méritoires (le bon karma) pour orienter votre pratique.

4. *La force du rejet*. Dites-vous que les phénomènes tels que la naissance, la mort et l'état intermédiaire n'existent qu'en fonction de vous : ils n'ont pas la moindre existence intrinsèque. Persuadez-vous que l'amour de soi est un ennemi en formulant cette pensée : « Le fait que j'éprouve de la souffrance pendant le cycle des existences vient de l'amour de soi. La racine de l'ego se rattache à la croyance que les êtres et les choses existent intrinsèquement. Ce qui est faux. »

5. *La force du souhait*. Répétez souvent le vœu suivant : « Même après ma mort, faites que j'obtienne un corps qui m'aide à pratiquer la doctrine dans ma vie suivante. Avec le soutien d'un bon guide spirituel, faites que je ne sois pas privé de ma pratique. »

Ces cinq forces sont indispensables pour se souvenir de la pratique, surtout lorsqu'il est difficile de le faire.

Lorsqu'il paraît évident qu'une personne va bientôt mourir, ses amis ne doivent pas manifester une attitude éplorée, en saisissant ses mains, en l'embrassant ou en se lamentant. Cela ne l'aide pas. Au contraire, ce comportement stimule le désir de ce monde dans l'esprit du mourant, détruisant ainsi tout espoir de le voir adopter une attitude conforme à la vertu. L'entourage devrait rappeler à l'agonisant les enseignements et la pratique de la vertu en lui parlant doucement à l'oreille jusqu'à ce que cesse sa respiration.

Par exemple, si le mourant croit en un Dieu créateur, penser à ce Dieu peut l'apaiser. Il ressentira moins d'attachement envers son environnement, moins de peur et de regret. S'il croit en la réincarnation, évoquer la vie suivante, orientée vers le service des autres, apportera les mêmes résultats.

Un bouddhiste peut croire en Bouddha et vouer ses bonnes actions à sa prochaine existence, de même un non-croyant peut estimer que la mort fait partie intégrante de la vie : quand elle se produit, il n'y a pas lieu de se tourmenter. L'essentiel est de maintenir la paix de l'esprit afin de ne pas troubler le processus de la mort.

Résumé des conseils

1. Il est important de savoir que, à un moment donné, tout espoir de continuer cette vie prend fin. À cet instant, médecins, prêtres, amis et parents sont incapables de vous maintenir en vie. À vous d'entreprendre ce qui peut vous aider.

2. Tandis que vous agonisez, il faut vous souvenir

des enseignements spirituels qui correspondent à votre niveau et les visualiser.

3. Prenez l'habitude de pratiquer, soyez déterminé à maintenir cette direction spirituelle dans toutes les situations, quelles que soient les difficultés. Engagez-vous dans de nombreuses actions méritoires afin que leurs forces accumulées stimulent votre vie et votre mort. Prenez conscience que la souffrance naît de l'amour de soi et apprenez à aimer les autres. Souhaitez fréquemment de poursuivre votre pratique au cours de vos vies futures.

4. Lorsqu'une personne meurt, veillez à ne pas la perturber en lui manifestant trop d'attachement ou en l'énervant, ce qui provoque des réactions négatives. Ne vous lamentez pas sur son départ. Évitez de la serrer dans vos bras ou de pleurer en sa présence. Aidez-la à partir dignement en évoquant la perspective d'une meilleure pratique spirituelle.

5. Demandez aux autres de procéder ainsi pour vous. Arrangez-vous pour qu'un proche vous parle de temps en temps à l'oreille en évoquant une attitude spirituelle particulière que vous désirez acquérir.

Strophe sept

Puissions-nous avoir la confiance dans la joie et l'émerveillement
Lorsque les aliments et la richesse accumulés par avarice sont abandonnés
Et que nous nous séparons pour toujours d'amis tant désirés et tant aimés,
Avançant seul vers une situation dangereuse.

En général, si l'on vous annonce que votre mort est proche, cela vous cause une grande peine, comme à vos amis et à votre famille. Au cœur de cette douleur s'opère le processus de l'agonie : la disparition progressive de la conscience. Cependant si, comme je l'ai expliqué, vous avez médité sur l'importance d'extraire l'essence de votre vie, la nécessité de la pratique spirituelle et que vous ayez réfléchi sur l'impermanence, alors, vous souvenant de ces recommandations à l'heure de la mort, vous ne serez pas influencé par ces conditions défavorables que sont le chagrin et la douleur. Les illusions associées à la mort, au lieu de vous distraire, vous rappelleront la pratique et vous exhorteront à méditer.

Avec ces conseils à l'esprit, il vous sera possible de mourir avec joie et confiance, tel un enfant heureux de retourner à la maison de ses parents. Parmi ceux qui pénétreront dans l'état intermédiaire entre deux vies, les meilleurs pourront prévoir leur naissance prochaine. Ceux-là mourront avec confiance, sans souci. Un pratiquant de niveau moyen n'aura pas peur, tandis que celui de niveau inférieur n'aura pas de regret. Si vous êtes préparé à renaître dans une vie pleine de sens, tout en étant capable de poursuivre une recherche spirituelle, quand la mort surviendra, vous ne connaîtrez ni regret, ni dépression, ni angoisse. Votre conscience pourra disparaître en confiance.

J'ai connu un certain nombre de moines érudits morts de cette façon. Sachant qu'ils allaient bientôt mourir, ils ont convoqué leurs proches pour leur dire adieu. Le jour de leur mort, ils ont revêtu leur robe de moine couleur safran, et, sans la moindre anxiété, sont morts en méditant. Ici, à Dharamsala, un moine a demandé à l'un de ses assistants de lui apporter sa robe. Il la mit et mourut aussitôt. Plusieurs moines ici, en Inde, sont restés plusieurs jours dans l'esprit de la claire lumière. L'un pendant dix-sept jours, les autres pendant neuf ou dix. Après leur dernier souffle, leurs corps sont restés sains, sans la moindre odeur désagréable, malgré tout ce temps passé dans un pays chaud.

De tels êtres sont capables de demeurer intacts dans l'esprit de la claire lumière, de la claire lumière de la mort, et s'en vont dans la joie, avec une grande confiance.

Mon tuteur le plus âgé, Ling Rinpoché, m'a raconté au sujet d'un lama une histoire à la fois triste et drôle. À l'approche de sa mort, ce lama enfila sa robe safran et annonça à ses compagnons qu'il allait bientôt s'en aller. Ensuite, assis jambes croisées, en posture de méditation, il les quitta. L'un des nouveaux disciples récemment arrivé d'une région éloignée ignorait qu'on pût mourir pendant la méditation assise. Il entra dans la chambre du lama et vit que son maître était assis. Il s'imagina qu'un esprit avait pénétré le corps de son maître et le jeta à terre.

Résumé des conseils

1. Pour éviter de vous tourmenter à propos de la mort, réfugiez-vous dans vos religions respectives avec compassion envers tous les êtres, méditez sur l'urgence d'extraire l'essence de cette présente vie, qui est fondée sur le loisir et la nécessité d'avoir une pratique spirituelle, et réfléchissez autant que possible sur l'impermanence.

2. Ce travail de base vous permettra de vous souvenir de votre pratique pendant votre mort. Les visions horribles et les illusions qui peuvent surgir alors n'entameront pas votre calme et vous permettront de méditer avec joie et confiance.

6

Méditer pendant le processus de la mort

> « Cette vie s'efface très vite / Comme un mot tracé sur l'eau avec un bâton. »
>
> Bouddha.

Strophe huit

Puissions-nous susciter un puissant esprit de vertu
Lorsque les éléments, terre, eau, feu et souffle –
Se dissolvent peu à peu
Et que la force physique disparaît, que la bouche et le nez asséchés se plissent,
La chaleur se retire, le souffle halète et des râles se font entendre.

Les sept premières strophes s'accordent avec les deux formes de la doctrine bouddhiste, sutra et Tantra. Cette dernière implique une pratique spéciale qui exige que vous vous imaginiez tel un être compatissant et sage qui aurait l'apparence physique d'un Bouddha. Les huit strophes suivantes offrent des pratiques du Tantra, notamment du Yoga Tantra Supérieur.

La description de la mort sur le plan de la dissolution progressive du corps et de l'esprit, ainsi que des quatre éléments, relève du Yoga Tantra Supérieur. Après la conception, un processus de formation va du plus subtil au plus primaire, mais, à l'article de la mort, la dissolution s'effectue du plus primaire au plus subtil. Les phénomènes qui se dissolvent comprennent quatre éléments – terre (la substance solide du corps), eau (les fluides), feu (la chaleur), et souffle (l'énergie, le mouvement).

Que vous ayez mené votre espérance de vie jusqu'à son terme ou non, le processus de la mort englobe plusieurs phases. Une mort subite permet de traverser ces phases très rapidement sans qu'on les remarque. Pour ceux qui meurent plus graduellement, il est possible de reconnaître et d'utiliser ces divers stades. Les signes annonciateurs de la mort tels qu'un changement dans la manière dont la respiration sensibilise les narines, des rêves et des signes physiques, peuvent se manifester même de nombreuses années avant la mort, quoique, pour les gens ordinaires, ces signes n'apparaissent qu'un an ou deux avant la mort. Les signes qui annoncent la mort comprennent le dégoût de votre environnement, de votre maison, de vos amis, etc. Vous souhaitez aller ailleurs. À moins que vous ne teniez plus à ces possessions. Vous pouvez également modifier votre comportement habituellement dur pour une attitude aimable, ou l'inverse. Votre enthousiasme peut augmenter considérablement ou diminuer. Il peut se produire un changement dans votre aspect physique ou le style de votre comportement. Votre conversation peut devenir grossière, avec force jurons, ou vous pouvez évoquer sans cesse la mort.

Lorsque le processus de la mort débute, vous traversez huit étapes. Les quatre premières concernent la disparition des quatre éléments. Les quatre dernières traitent de l'inclusion de la conscience au niveau le plus central de l'esprit, nommé l'esprit de claire lumière. Les phases de la mort représentent les couches les plus profondes de l'esprit qui se manifestent dans la vie quotidienne. On ne les remarque pas en général. Ces huit étapes progressives se déroulent dans l'ordre pendant l'agonie, quand l'on s'endort, à l'achèvement d'un rêve, lors d'un éternuement ou d'un évanouissement et durant l'orgasme. L'ordre s'inverse lorsque le processus de la mort est complètement terminé, lorsqu'on se réveille, au commencement d'un rêve, à la fin d'un éternuement, d'un évanouissement ou d'un orgasme.

Ces huit phases sont identifiées par leur contenu visuel, quoique les yeux ne les discernent pas.

L'ordre vers l'avant :

1. mirage
2. fumée
3. lucioles
4. flamme d'une lampe
5. ciel-mental d'une blancheur éclatante
6. ciel-mental rouge orangé éclatant
7. ciel-mental d'un noir profond
8. claire lumière.

Ordre inverse
1. claire lumière
2. ciel-mental d'un noir profond
3. ciel-mental rouge orangé éclatant
4. ciel-mental d'une blancheur éclatante
5. flamme d'une lampe
6. lucioles
7. fumée
8. mirage.

Les quatre premières phases selon l'ordre naturel
La dissolution des quatre éléments

En général, les éléments grossiers se fondent dans les plus subtils. Tandis que la capacité des premiers à servir de support à la conscience s'efface, les derniers deviennent plus précis. Il existe huit phases, dont les quatre premières sont :

Phase 1 : L'élément terre régresse et se dissout dans l'élément eau. Les aspects solides du corps, tels que l'ossature, ne peuvent plus servir de fondation à la conscience. La capacité des aspects solides à se dissoudre est transférée dans les fluides du corps tels que le sang et le mucus. À présent, la capacité de l'élément eau de former une base de la conscience se manifeste davantage. Votre corps maigrit et vos membres se relâchent. Vous perdez votre force physique : la vitalité et la beauté de ce corps usé diminuent radicalement. Votre vue s'assombrit, devient floue. Vous ne pouvez ni ouvrir ni fermer les yeux. Peut-être aurez-vous la sensation de vous enfoncer dans la terre ou la boue. Il pourrait vous arriver de crier : « Levez-moi ! » Ou d'essayer de vous soulever. Il est très important de ne pas lutter, de rester calme en gardant une attitude vertueuse. Ce que vous montre votre esprit n'est qu'un mirage.

Phase 2 : La capacité de l'élément eau dégénère à son tour et se dissout dans l'élément feu – la chaleur qui fait vivre le corps. La capacité de l'élément feu de servir de fondement à la conscience se rehausse. Vous n'éprouvez plus de sensations de plaisir ou de douleur, ni de sentiments neutres associés aux sens et à la conscience mentale. Votre bouche, votre langue et votre gorge sont sèches en raison du manque de salive. De l'écume se forme sur vos dents. D'autres liquides tels que l'urine, le sang, le fluide essentiel et la sueur se dessèchent à leur tour. Vous ne pouvez plus entendre les sons. Le bourdonnement habituel dans l'oreille s'arrête. Vous discernez dans votre esprit ce qui ressemble à des bouffées de fumée, une légère brume dans la pièce ou de la fumée qui sort de la cheminée.

Phase 3 : La capacité de l'élément feu dégénère et se dissout dans l'élément souffle, le courant d'air ou l'énergie qui dirige diverses fonctions telles qu'aspirer, exhaler, roter, cracher, parler, avaler, étirer ses articulations, contracter ses membres, ouvrir et fermer la bouche et les paupières, digérer, uriner, déféquer, avoir ses règles et éjaculer. La chaleur du corps diminue, ce qui résulte de son incapacité à digérer la nourriture. Si vous avez vécu sans vertu, la chaleur du corps descend vers le bas en partant du sommet de la tête jusqu'au cœur. Le corps supérieur se refroidit en premier. Mais si vous avez surtout vécu sur un mode vertueux, la chaleur monte de la plante des pieds vers le cœur, et la capacité de sentir les odeurs cesse. Vous ne pouvez plus suivre les activités et les désirs de votre entourage ni même vous souvenir du nom de vos parents et amis. Vous éprouvez de la difficulté à respirer, les expirations se prolongent tandis que les inspirations se font de plus en plus brèves. Votre gorge émet des râles et des halètements. Il vous semble apercevoir des lucioles, de la fumée peut-être, ou des étincelles sur le fond noirci d'une poêle à griller le grain.

Phase 4 : la capacité de l'élément souffle, plus rustique, dégénère et se dissout dans la conscience. La langue s'épaissit et raccourcit, sa racine devient bleue. Vous êtes insensible si l'on vous touche, de même qu'au moindre geste. La respiration cesse par les narines, mais il existe encore des niveaux plus subtils de respiration ou de souffle. L'arrêt de la respiration par le nez ne signifie pas le terme du processus de la mort. Au fond de votre esprit vacille la flamme d'une lampe à beurre ou d'une bougie (ou le halo tremblant qui surmonte une lampe à beurre ou une bougie). Au début, la lumière file comme si le beurre ou la cire étaient presque entièrement consumés. Ensuite, quand les souffles qui portent les concepts mentaux commencent à disparaître, l'apparence de la flamme s'affermit.

En général, le corps humain se compose des quatre

éléments. En raison des variations dans les canaux et les souffles de cette structure, certaines personnes expérimentent d'autres visions internes au cours du processus de dissolution. C'est pourquoi il existe de légères variations parmi les commentaires de ce processus dans les Tantras particuliers relatés par Bouddha, tels que *Guhyasamaja* (dont le système principal est expliqué dans ce livre), *Chakrasamvara*, et *Kâlachakra*, ainsi que dans certains Tantras de la lignée de l'Ancienne Interprétation du bouddhisme tibétain, nommé Nyingma. Ces variations mineures proviennent essentiellement des différences qui circulent dans les canaux du corps, les souffles et les gouttes du fluide essentiel qui fonctionnent dans ces canaux. Parce que ces facteurs intérieurs varient chez divers individus, les pratiques du yoga changent légèrement. Même lorsque les facteurs internes sont identiques, les symptômes internes de la mort apparaissent à l'esprit de manière différente parce que les yogis mettent l'accent sur les autres points du corps.

Au cours de ces phases, il faut faire preuve d'une attitude vertueuse sans obstacle, souhait exprimé dans cette strophe du poème du Panchen Lama. Nous, êtres sensibles ordinaires, sous l'influence de la naissance et de la mort, avons des prédispositions programmées pendant des vies entières de bonnes et de mauvaises actions dont les fruits ne se sont pas encore manifestés. Chaque moment où nous nous engageons dans des actions sans en connaître le sens contribue à nous maintenir dans le cycle des existences. Des actions spectaculaires peuvent propulser de nombreuses vies dans le cycle des existences. À l'approche de la mort, l'une de ces prédispositions karmiques, bonne ou mauvaise, sert de fondation pour la prochaine vie. De nombreux autres karmas établissent les qualités de vie telles que la santé, les ressources et l'intelligence. En conséquence, vos pensées, votre état mental, peu de temps avant la mort, sont essentiels. Même si vous avez pratiqué durant votre vie des attitudes vertueuses, une tendance inverse, à l'approche de la mort, peut nourrir les prédispositions dangereuses que nous possédons tous. Cet instant est crucial. Par exemple, le bruit que produit quelqu'un qui pose un objet trop violemment peut susciter chez l'agonisant de l'irritation ou de la colère. Au contraire, une personne peu vertueuse en général peut faire preuve d'un esprit vertueux au moment de la mort, ce qui active les prédispositions karmiques à la vertu qui seront à l'origine d'une bonne renaissance. C'est pourquoi il faut être vigilant au moment de la mort et s'efforcer de se maintenir dans l'attitude la plus vertueuse. Il est important que les personnes qui accompagnent les mourants sachent que l'esprit de la personne qui trépasse est fragile ; elles doivent prendre garde de ne pas déranger le mourant en parlant fort, en pleurant et en manipulant brusquement les objets au lieu d'imposer un environnement paisible.

Résumé des conseils

1. Afin que vous ne soyez pas surpris par le processus de la mort quand il débute, souvenez-vous des étapes de dissolution des quatre éléments comme des signes extérieurs qui les accompagnent, ainsi que les signes intérieurs décrits dans la strophe suivante.

2. Veillez à l'approche de la mort que les bonnes dispositions soient stimulées par des attitudes vertueuses.

3. Les signes annonciateurs de la mort peuvent survenir un an ou deux avant de mourir. Ceux-ci vous avertissent de la nécessité de vous y préparer, mais il vaut mieux être prêt avant.

Strophe neuf

Puissions-nous prendre conscience d'une manière d'être où la mort est absente
Quand des illusions effrayantes et horribles,
En particulier mirage, fumée, et lucioles, surgissent
Et que disparaissent les sommets des quatre-vingts concepts.

Lorsque les quatre éléments se dissolvent, des illusions variées apparaissent. Parfois, avant même que l'œil et l'oreille cessent de fonctionner, des images et des sons inhabituels se font entendre. Des visions de toute sorte font surface à la conscience. Par exemple, des personnes qui souffrent d'une maladie épuisante peuvent assister à un terrible incendie qui leur produira une frayeur intense. D'autres, confrontées à des visions agréables, surprenantes, demeurent détendues. Ces différences proviennent de prédispositions produites par des actions vertueuses ou fautives en cette vie comme au cours de vies antérieures. Elles annoncent le genre et la qualité de la renaissance à venir, de la même manière que la qualité de la lumière du ciel avant le lever du soleil présage le temps de la journée.

Pendant que les quatre éléments se dissolvent l'un après l'autre, les signes intérieurs de la mort apparaissent. La dissolution de l'élément terre dans l'eau produit l'équivalent d'un mirage dans le désert ; la dissolution de l'eau dans le feu évoque des bouffées de fumée dans une cheminée ou une légère brume qui envahirait une pièce. La dissolution du feu dans le souffle suscite des lucioles, ou des étincelles sur le fond noirci d'une poêle à griller le grain (la dissolution de l'élément souffle est exposée au chapitre suivant.)

Ces signes – mirage, fumée, lucioles, et flamme, de même que les quatre décrits plus loin – apparaissent aux personnes qui s'éteignent progressivement. Ils ne se manifestent pas sous leur forme complète à ceux qui sont victimes d'une mort subite, que ce soit dans un accident ou par une arme.

Résumé des conseils

1. Prenez conscience que les millions d'illusions dont quelques-unes sont effrayantes ou redoutables, qui peuvent survenir pendant la mort, sont dues au karma. Ne les laissez pas vous distraire.

2. Familiarisez-vous avec les trois premières des huit visions : un mirage au désert, des bouffées de fumée dans une cheminée ou une légère fumée dans la pièce, des lucioles ou des étincelles sur le fond noirci d'une poêle à griller le grain.

Strophe dix

Puissions-nous garder une conscience et une introspection puissantes
Lorsque l'élément souffle commence à se dissoudre dans la conscience
Et que le flux de la respiration extérieure cesse, que les apparitions grossière et duelles se dissolvent
Et qu'une vision telle une lampe à beurre allumée paraît.

La conscience se définit comme une lumière douée de connaissance. Elle est lumineuse en ce que sa nature est claire et qu'elle illumine ou révèle l'environnement comme une lampe chasse l'obscurité afin que les objets puissent être discernés. La conscience est habituée aux objets en ce sens qu'elle les appréhende, même lorsqu'elle ne les connaît pas à fond.

La conscience est composée de fragments d'instants, au lieu de cellules, d'atomes ou de particules. C'est pourquoi conscience et matière relèvent de natures radicalement différentes, et de causes substantielles différentes. Les éléments matériels contiennent d'autres éléments matériels telles que leurs causes substantielles (ainsi nommées puisqu'elles produisent la substance, ou l'entité fondamentale de l'effet), il doit exister un rapport fondamental entre la cause substantielle et l'effet substantiel. Par exemple, l'argile est la cause substantielle d'un vase en terre. La cause substantielle d'un esprit doit elle-même former un élément lumineux et intelligent – un fragment passé de l'esprit. Tout moment de conscience exige donc un instant précédent de conscience en tant que cause substantielle, ce qui signifie qu'il doit exister un continuum de l'esprit sans commencement. C'est ainsi qu'un cycle de reconnaissance s'établit grâce au raisonnement. S'il existe un seul souvenir précis d'une renaissance, c'est une indication suffisante. Chacun n'est pas obligé de se souvenir. L'absence de vies antérieures et futures n'a jamais été directement perçue, tandis qu'il existe des cas avérés d'un souvenir précis de vies antérieures. Bien que le corps dépende de certaines conditions pour sa croissance et sa régression, il est doté de la vie, et quand cette vie cesse, il pourrit rapidement et devient un cadavre. Quels qu'aient été sa beauté, son attrait, il deviendra cadavre.

Si vous analysez cette force de vie qui empêche le corps de pourrir, vous découvrirez que c'est l'esprit. Le fait que la chair soit pénétrée par la conscience l'empêche de se décomposer. Le continuum de cet esprit est ce qui survit au cours de l'existence ultérieure.

La différence de nature entre l'esprit et la matière exige que leurs causes substantielles soient différentes, mais cela ne signifie pas que l'esprit et la matière n'interagissent pas, car ils le font de nombreuses manières. La matière peut devenir une condition de l'esprit, lorsque la matière subtile qui se trouve à l'intérieur de l'orbite de l'œil agit en tant que condition coopérante de la conscience visuelle, ou encore lorsque votre propre corps devient un support, ou la base de la conscience même.

De même, la conscience donne forme à la matière puisque nos actions, ou karmas, motivées par la conscience, structurent l'environnement. L'influence accumulée des karmas de nombreux êtres compose le système du monde que nous habitons. Selon le Yoga Tantra Supérieur, la conscience se meut, poussée par un vent physiquement réel, bien que, sous ses formes les plus subtiles, le souffle ne soit pas formé de particules. En raison de cette association étroite entre l'esprit et le souffle au point qu'ils ne deviennent qu'une entité indifférenciable, un être qui a reçu l'illumination peut disposer d'un corps avec un souffle subtil comme cause substantielle, un corps au-delà des particules physiques, comme c'est le cas du Corps de Parfaite Jouissance d'un Bouddha dans une Terre Pure.

Si l'on applique cette doctrine de causes substantielles et de conditions coopératives au phénomène de la conception, nous voyons que les substances de mère et de père – l'œuf et le sperme – agissent en tant que causes substantielles du corps de l'enfant et comme conditions coopérantes de l'esprit. Le dernier instant de la conscience de cet enfant dans sa vie précédente agit comme la cause substantielle au moment de la conception et comme une condition coopérante du corps. À un niveau primitif, le corps – même l'embryon – est considéré comme le support physique de la conscience ; ainsi, le souffle qui porte la conscience comme le cheval son cavalier est une entité physique qui soutient la conscience. Quoique la conscience puisse se séparer du corps physique comme elle le fait lorsque nous passons d'une vie à une autre, elle ne peut jamais se séparer du niveau le plus subtil du souffle.

Je ne pense pas que le souffle très subtil, ou énergie, puisse être classé comme l'un des quatre éléments – terre, eau, feu et souffle – puisqu'il se trouve au-delà des particules physiques. Le souffle très subtil constitue un aspect du mouvement de l'esprit très subtil : il appartient à la même entité que son esprit respectif. Il serait difficile d'analyser ce souffle et cet esprit très subtil avec des instruments scientifiques. Cependant il serait possible de découvrir scientifiquement la présence de souffles et d'esprits très subtils en cas de mort clinique, avant la disparition de la conscience du corps, pendant que celui-ci n'est pas encore décomposé. Quelques savants ont apporté des machines dans notre hôpital, mais personne n'est mort pendant qu'elles y étaient installées, et quand des personnes de grande valeur sont décédées, ces machines n'étaient plus disponibles.

Lorsque le souffle ou l'énergie qui soutiennent les divers niveaux de conscience deviennent très faibles et se dissolvent totalement dans la conscience, des niveaux d'esprit de plus en plus subtils se manifestent. Au début de la quatrième phase, lorsque les souffles qui servent de soutien à de nombreuses attitudes commencent à se dissoudre, une image comme la flamme d'une lampe à beurre ou d'une bougie apparaît en vacillant au début et se stabilise ensuite. La respiration s'arrête alors. Les spécialistes considèrent en général ce moment comme celui de la mort, bien que, en réalité, elle se produise plus tard. À ce stade, les niveaux les plus primitifs de l'apparence du sujet et de l'objet, devenus distants et séparés en entités distinctes, se dissolvent. Les yeux ne discernent plus les formes visibles, le nez cesse de sentir les odeurs, la langue n'expérimente plus le goût, et le corps devient étranger aux objets tangibles. La nature lumineuse et intelligente de l'esprit émerge alors dans sa pureté.

Si vous êtes capable d'être vigilant au moment de la mort, de reconnaître les stades de la dissolution, de maintenir assez d'introspection pour vous efforcer d'atteindre la vertu que vous connaissez, votre pratique sera très efficace. Elle influencera au moins votre prochaine existence.

Résumé des conseils

1. Bien que l'esprit et la matière aient différentes causes substantielles, ils interagissent de nombreuses façons.

2. Après les trois signes intérieurs : mirage, fumée et lucioles, le quatrième signe interne ressemble à la flamme d'une lampe à beurre, vacillante au début, stable ensuite.

3. Bien qu'à ce point la respiration extérieure cesse par le nez et qu'il n'y ait plus de réaction consciente aux stimulations extérieures, la personne n'est pas encore morte. Il est important de ne pas déranger le corps jusqu'à sa mort effective.

4. En maintenant la pleine conscience et l'introspection, cela vous aidera à reconnaître quelle étape du processus interne s'accomplit, ce qui pourrait provoquer un résultat puissant et initiant une renaissance positive.

7

La structure intérieure

« Un lendemain, quand tu seras parti
Viendra sans aucun doute. »

Lettre de Shura à Kanika

Strophe onze

Puissions-nous connaître notre propre nature
Grâce au yoga qui conçoit comme vides le cycle des existences et le nirvana
Lorsque l'apparence s'accroît, et la réalisation presque achevée se dissout – la première dans la dernière
Et que des expériences naissent à leur tour comme se répandent le clair de lune,
la lumière du soleil, et l'obscurité.

Pour avoir une idée des quatre dernières phases du processus de la mort, il est essentiel de comprendre les niveaux de conscience comme la structure des canaux, des souffles, et des gouttes du fluide essentiel à l'intérieur du corps. C'est important pour la physiologie et la psychologie de l'approche tantrique.

Les niveaux de conscience

Le Yoga Tantra Supérieur divise la conscience en niveaux primitifs, subtils, et très subtils. Les niveaux primitifs incluent les consciences des cinq sens – la conscience de l'œil qui saisit les couleurs et les formes, la conscience de l'ouïe pour les sons ; la conscience du nez pour les odeurs, la conscience de la langue pour le goût ; la conscience tactile pour les expériences du toucher. Autant de consciences individuelles avec des sphères spécifiques d'activité – couleurs et formes, sons, odeurs, goûts –, et une expérience tactile.

Plus subtile que celles-ci mais encore à un niveau grossier, se trouve la conscience qui nous permet de penser. Elle se divise en trois degrés qui correspondent à trois types de souffle – fort, moyen et faible – par lesquels se manifestent les trois degrés de la conscience. Le premier groupe implique un fort mouvement de souffle vers son objet et inclut trente-trois expériences conceptuelles, telles que la peur, l'attachement, la faim, la soif, la compassion, l'instinct de possession et la jalousie. Le deuxième groupe est composé de consciences conceptuelles qui s'impliquent avec un mouvement moyen de souffle vers leurs objets – quarante conceptions, telles que la joie, la surprise, la générosité, le désir d'embrasser, l'héroïsme, la méchanceté, et l'escroquerie. Le troisième groupe comprend le mouvement d'un souffle plus faible sur ces objets – sept conceptions, qui sont l'oubli, l'erreur comme de voir de l'eau sous forme d'un mirage, la catatonie, la dépression, la paresse, le doute, et autant de désir que de haine. (Au cœur de chacun de ces trois groupes de consciences ou de conceptions, il existe des niveaux grossiers et d'autres subtils.)

Ces trois catégories d'expériences conceptuelles font partie du niveau rudimentaire de l'esprit, mais elles sont plus subtiles que les consciences des cinq sens. Ce sont des réflexions, des niveaux de conscience plus profonds qui ont de moins en moins de perception duelle. Des empreintes de trois niveaux subtils de l'esprit se manifestent à des périodes pendant lesquelles les niveaux les plus grossiers de la conscience cessent, soit volontairement – comme dans les états profonds de méditation –, soit naturellement – comme au cours du processus de mourir ou de s'endormir.

Quand les souffles sur les quatre-vingts conceptions disparaissent, les conceptions s'éteignent également. Cela permet aux *trois niveaux subtils* de conscience de se manifester dans l'ordre suivant : ciel-mental d'une blancheur éclatante, ciel-mental rouge orangé éclatant, puis ciel-mental d'un noir profond (décrits de la phase cinq à sept). Cela conduit au niveau très subtil de la conscience, l'esprit de claire lumière qui, si on l'utilise sur la voie spirituelle, se révèle très puissant. (Il est décrit plus loin à la phase huit.)

Avant d'étudier en détail ces quatre dernières phases, il faut expliquer les changements dont ils dépendent. Dans la physiologie du Yoga Tantra Supérieur, ils se produisent dans des canaux physiques à travers, les souffles et les gouttes essentielles qui circulent dans ces canaux.

Structure des canaux du corps

Il existe au moins soixante-douze mille canaux dans le corps : les artères, les veines, les vaisseaux, les nerfs et des conduits, manifestes ou non, qui commencent par naître dans ce qui sera le cœur après la conception. Les trois canaux les plus importants partent d'un point entre les sourcils jusqu'au sommet de la tête, ensuite au long de la colonne vertébrale, atteignant enfin l'extrémité de l'organe sexuel. Cette description est une manière d'imaginer en méditation les canaux centraux, à droite et à gauche qui diffèrent légèrement de leur emplacement réel. Les imaginer de cette manière idéale est efficace pour provoquer les niveaux les plus subtils de l'esprit. Parfois, des descriptions comme celle-ci sont utilisées pour indiquer les points de concentration pouvant servir à la méditation.

À des endroits vitaux dans ces trois canaux, se trouvent sept roues qui comportent différents nombres de rayons, ou « pétale de canaux subtils ».

1. *La roue (ou chakra) de la Grande Félicité* se trouve au sommet de la tête, avec trente-deux pétales de canaux. On l'appelle la roue de la grande félicité parce que à son centre se trouve la goutte de fluide blanc essentiel, fondement de la félicité.

2. *La roue de la Jouissance* est au milieu de la gorge, avec seize pétales de canaux. On la nomme la roue de la Jouissance, car c'est là qu'on expérimente le goût.

3. *La roue des Phénomènes* est située dans le cœur, avec huit pétales de canaux. On la nomme la roue des phénomènes parce qu'elle abrite les souffles très subtils et l'esprit, eux-mêmes source de tous les phénomènes.

4. *La roue de l'Émanation* se trouve au plexus solaire, avec soixante-quatre pétales de canaux. On la nomme ainsi parce que le feu intérieur, allumé par la formation du yoga, ainsi que les moyens de produire une grande béatitude, y résident.

5. *La roue de Félicité suprême* est à la base de la colonne vertébrale avec trente-deux pétales de canaux. On la nomme la roue de Félicité parce que le niveau le plus profond de la Félicité est produit à la base de la colonne vertébrale.

6. *La roue du milieu du Joyau* (la pointe de l'organe sexuel) possède seize pétales de canaux.

7. Il y a aussi une *roue entre les sourcils*, munie de seize pétales de canaux.

Au niveau du cœur, les canaux à droite et à gauche encerclent trois fois le canal central (chaque canal traçant une boucle autour de lui-même) qui se dirige vers le bas. Cela résulte en un étranglement du cœur répété six fois, qui empêche le passage du souffle dans le canal central. Comme ce goulot est sévère, le cœur constitue un sujet dangereux de méditation, qui peut provoquer une dépression nerveuse si les bonnes techniques de méditation ne sont pas utilisées.

À chacun de ces centres – les sourcils, le sommet de la tête, la gorge, le cœur, le plexus solaire, la base de la colonne vertébrale et l'organe sexuel –, les canaux de droite et de gauche s'enroulent autour du canal central une fois chacun (chaque canal s'enroulant aussi autour de lui-même), créant ainsi deux constrictions. Les canaux droite et gauche sont gonflés de souffle et contractent de telle manière le canal central que le souffle ne peut y pénétrer. On appelle « nœuds » ces contractions. Il est important de se souvenir que, si les dessins et les descriptions des canaux et des roues des canaux sont destinés à la pratique, ils ne correspondent pas nécessairement aux descriptions de leurs véritables formes et positions qui peuvent varier d'une personne à l'autre.

STRUCTURE DES SOUFFLES DU CORPS

Lorsque l'esprit se concentre sur un objet, il le fait grâce au mouvement du souffle, ou énergie. L'esprit chevauche le souffle comme le cavalier son cheval. Selon le Yoga Tantra Supérieur, notre structure psychophysique abrite cinq souffles primaires et cinq secondaires :

1. *Le souffle porteur de vie.* Son siège principal se trouve dans le groupe de canaux du cœur. Sa fonction est de nous maintenir en vie. Il engendre les cinq souffles secondaires, qui gouvernent les sens et l'attention.
2. *Le souffle qui se vide en bas.* Son siège principal est dans le groupe de canaux dans l'abdomen inférieur. Il se promène dans l'utérus ou le véhicule séminal, dans la vessie, les cuisses, etc. Ce souffle arrête et provoque l'urine, les selles et la menstruation.
3. *Le souffle du feu.* Son siège principal est situé dans le groupe de canaux du plexus solaire où se produit la chaleur intérieure due à la pratique du yoga. Ce souffle cause la digestion et sépare ce qui est raffiné de ce qui ne l'est pas, etc.
4. *Le souffle vers le haut.* Son siège principal se trouve dans le groupe de canaux de la gorge. Agissant à travers la gorge et la bouche, ce souffle est la source

de la parole, du goût pour les aliments, d'avaler, de roter, de cracher, etc.

5. *Le souffle envahissant.* Son siège principal se trouve dans les articulations, causant la souplesse des mouvements, les étirements et la contraction des membres, l'ouverture et la fermeture de la bouche et des paupières.

Le souffle dirige les fonctions physiques et mentales. Une bonne santé nécessite la libre circulation de mouvement des souffles : un blocage cause des problèmes.

Ordinairement, le souffle ne circule pas dans le canal central, sauf durant le processus de la mort. Il le peut cependant grâce à des techniques yoga avancées – permettant ainsi aux états d'esprit les plus profonds de se manifester. Pendant les quatre dernières phases de la mort, les souffles qui forment les fondations de la conscience pénètrent dans les canaux de droite et de gauche et s'y dissolvent. À leur tour, les souffles des canaux de droite et de gauche pénètrent et se fondent dans le canal central. Le dégonflement des canaux de droite et de gauche relâche l'étranglement des nœuds des canaux : quand les canaux de droite et de gauche sont dégonflés, le canal central est libéré, ce qui permet ainsi le mouvement du souffle à l'intérieur. Ce mouvement induit la manifestation des esprits subtils que les yogis du Yoga Tantra Supérieur s'efforcent d'utiliser sur la voie spirituelle. Les souffles qui portent un esprit de profonde félicité s'opposent intensément à se fixer sur des objets. Un tel esprit possède un pouvoir particulier pour saisir la réalité.

Il y a plus de vingt ans, une nonne âgée de plus de quatre-vingts ans logeait sur la véranda d'une maison, dans un village voisin. Les gens venaient la consulter pour qu'elle leur prédise l'avenir. Elle demanda un jour à me parler, et je la rencontrai. Elle me présenta un livre sur les pratiques de la tradition Nyingma intitulé *La Percée et le Bond en avant*. Nous avons engagé la conversation. Elle me raconta que, lorsqu'elle était jeune et qu'elle vivait au Tibet, elle se maria, mais son mari mourut. Elle abandonna alors toute vie sociale et ses biens. Ensuite, elle partit en pèlerinage. Elle arriva finalement à Drikung, où elle rencontra un très vieux lama de quatre-vingts ans sur une montagne non loin de là. Ce lama avait une douzaine de disciples. Elle me raconta qu'à deux occasions elle vit des moines se servir de leurs écharpes comme des ailes pour voler d'une colline à l'autre. Elle l'avait vraiment vu !

Si c'est vrai, il ne s'agit pas seulement d'un exploit magique mais du résultat de la pratique du Yoga du Souffle. Les moines qui vivaient en ce lieu reculé en compagnie du vieux lama avaient de toute évidence abjuré leur foi et avaient dû relâcher les nœuds des canaux. Il me semble qu'ils aient dû prendre conscience du vide de l'existence inhérente, de même que de l'altruisme débordant d'amour et de compassion. Qu'ils aient été instruits ou non, ils avaient perçu l'essence de la compréhension de la vacuité.

Les gouttes des fluides essentiels du corps

Au centre des chakras se trouvent des gouttes blanches au-dessus et des gouttes rouges en dessous, sur lesquelles sont fondées la santé physique et la santé mentale. Sur le haut de la tête prédomine l'élément blanc, tandis qu'au plexus solaire prédomine l'élément rouge. Ces gouttes sont originaires de la goutte fondamentale du cœur, de la taille d'une grosse graine de moutarde ou d'un minuscule petit pois. Comme les autres, il a le dessus blanc et le dessous rouge.

Cela dure jusqu'à la mort, c'est pourquoi cette goutte au cœur est appelée la « goutte indestructible ». Le souffle très subtil qui porte la vie demeure en cette goutte. Au moment ultime de la mort, les souffles se dissolvent à l'intérieur. À ce point, naît la claire lumière de la mort.

Muni de cette information au sujet des niveaux de conscience, des canaux et des gouttes de fluides essentiels à l'arrière-plan, on peut examiner comment les niveaux de conscience se dissolvent aux dernières étapes de la mort.

Les quatre stades ultimes de la mort

Les quatre stades de la mort commencent avec trois niveaux d'esprit subtil et s'achèvent sur une phase d'esprit très subtil. Les niveaux grossiers de la conscience s'étant éteints, trois phases d'esprit subtil émergent. Tandis que vous traversez ces trois niveaux, votre conscience devient de plus en plus non duelle, puisqu'elle perd le sens du sujet et de l'objet.

Phase 5. Lorsque les quatre-vingts conceptions du niveau grossier de conscience se dissolvent, le premier des trois niveaux les plus subtils de l'esprit émerge, et une lumière blanche brillante apparaît. Une ouverture lumineuse, comme un ciel d'automne baigné de lumière blanche. Rien d'autre ne se présente à cet esprit. La tradition bouddhiste utilise l'exemple d'un ciel d'automne parce que, en automne, en Inde, d'où cet enseignement tire son origine, les pluies d'été de la mousson ont cessé, laissant le ciel intact, sans nuages et sans poussière. De même que pour le ciel, ou l'espace, l'absence d'obstacles a éliminé les conceptions primitives en laissant une sensation d'ouverture. Le premier des trois états les plus subtils se nomme « apparence », parce qu'une apparence *semblable* à la lumière de la lune naît, alors qu'une telle lumière ne brille pas au-dehors. Cet espace est appelé *vide* parce qu'il se situe au-delà des quatre-vingts conceptions et des souffles qui les transportent.

Sur un plan physique, bien que cela se produise en dehors de l'expérience du mourant, la cinquième phase se développe ainsi : 1) Les souffles dans les canaux droit et gauche au-dessus du cœur pénètrent le canal central par son ouverture au sommet du crâne. 2) En raison de cela, le nœud de canaux au sommet du crâne se relâche. 3) Ceci à son tour fait descendre la goutte blanche qui réside en haut de la tête et qui abaisse la nature de l'eau. Quand elle parvient au sommet du nœud six fois noué des canaux droit et gauche du cœur, surgit l'apparition d'un blanc éclatant.

Phase 6. Quand le ciel-mental d'une blancheur éclatante et son souffle se dissolvent, un ciel-mental rouge orangé apparaît, encore plus étincelant, tel un ciel d'automne sans poussière ni nuage, baigné par une lumière rouge orangé. Rien d'autre n'apparaît à ce niveau. Cet état est appelé « croissance de l'apparence » parce qu'une apparition *semblable* à un très vif coucher de soleil naît alors qu'une telle lumière n'existe pas au-dehors. Cet état est aussi appelé « quasi vide » parce qu'il se situe au-delà de l'esprit de l'apparence et du souffle qui le porte.

Physiquement : 1) Les souffles dans les canaux droit et gauche en dessous du cœur pénètrent dans le canal central par son ouverture la plus basse à la base de la colonne vertébrale ou de l'organe sexuel. 2) À cause de cela, les nœuds des roues du canal dans l'organe sexuel et au nombril se relâchent. 3) Cela cause la remontée de la goutte rouge (de la forme d'une petite ligne verticale) au milieu de la roue du canal du nombril. Quand elle s'arrête exactement sous le nœud des canaux droit et gauche du cœur, le ciel-mental rouge orangé, qui croît se présente.

Phase 7. Une apparition d'un noir profond surgit spontanément quand l'esprit rouge orangé, qui croît et son souffle se dissolvent dans le ciel-mental d'un noir profond. Le ciel d'automne débarrassé de la poussière et des nuages est envahi par une obscurité profonde semblable à celle qui tombe après le crépuscule. Rien d'autre n'apparaît. Durant la première partie du ciel-mental noir, vous êtes encore conscient, mais au cours de la dernière partie, vous perdez conscience dans une obscurité totale, semblable à un évanouissement. Cette phase s'appelle « presque réalisation » parce qu'elle est proche de la manifestation de l'esprit de claire lumière. On l'appelle aussi « grand vide » parce qu'elle se trouve au-delà du ciel-mental rouge orangé et du souffle qui le porte.

Physiquement : 1) Les souffles supérieur et inférieur du canal central se rassemblent au cœur, relâchant le nœud noué six fois des canaux droit et gauche. 2) À ce point, la goutte blanche en haut de la tête descend plus bas et la goutte rouge du nombril monte plus haut. Les deux pénètrent au centre de la goutte indestructible du cœur. 3) Lorsque ces deux gouttes se rencontrent, un noir profond apparaît.

Phase 8. L'esprit devient encore plus subtil qu'il ne l'était durant la deuxième partie inconsciente du ciel-mental noir. Le mouvement du souffle s'affaiblit, et le souffle le plus subtil règne. À ce point, l'inconscient disparaît et l'esprit de la claire lumière, la plus subtile de toutes les lumières, se manifeste. À ce point, toute activité conceptuelle a cessé, et les trois « conditions perturbatrices » – les apparitions blanche, rouge et noire, soit la lune, le soleil et l'obscurité, qui empêchent l'émergence de la couleur naturelle du ciel – sont dissoutes. Une ouverture très claire naît, comme un ciel d'automne à l'aube, avant le lever du soleil, libéré de tout facteur perturbateur. Cette conscience la plus profonde se nomme « la nature innée de la claire lumière ». Elle est « entièrement vide » parce qu'elle se situe au-delà des quatre-vingts conceptions et des trois esprits subtils.

Physiquement : 1) Les gouttes blanche et rouge se dissolvent dans la goutte indestructible du cœur – le blanc se fond dans son sommet blanc et le rouge dans sa base rouge. 2) Les souffles dans le canal central se dissolvent dans le souffle porteur de vie et très subtil. 3) Cela incite les souffles très subtils et les esprits de claire lumière à se manifester.

Pour la plupart des gens, la mort survient lorsque le niveau le plus subtil de l'esprit se manifeste. La conscience la plus subtile demeure en général dans le corps pendant trois jours, à moins que le corps n'ait été affaibli par la maladie auquel cas elle ne subsistera même pas une journée. Pour un disciple avancé dans la spiritualité, cela offre une occasion précieuse. Ceux qui sont conscients de l'esprit de claire lumière peuvent demeurer dans cet état durant des périodes plus longues et, selon leur entraînement précédent, pourront s'en servir pour prendre conscience de la réalité, de la vacuité de l'existence inhérente de tous les phénomènes, y compris les cycles de l'existence et le nirvana.

Prendre conscience de la vacuité

La compréhension de la doctrine bouddhiste de la vacuité est essentielle pour vivre et mourir avec réalisme et sans crainte. La vacuité ne signifie pas la non-existence. Vous pourriez croire que la vacuité signifie le néant, mais ce n'est pas exact. De quoi les phénomènes sont-ils vides ? Sans comprendre ce que l'on rejette, vous seriez incapable d'en saisir l'absence ou la vacuité. Bouddha a souvent dit que, parce que les phénomènes existent d'une manière dépendante, ils sont relatifs. Cela signifie que leur existence dépend de causes, de conditions variées et de leur être propre.

Votre corps, par exemple, n'existe pas de façon indépendante : il dépend d'un grand nombre de causes telles que les ovaires, le sperme, de même que la nourriture et l'eau. Il dépend aussi de ses propres membres : bras, jambes, torse et tête.

Examinez si votre corps apparaît tel qu'il existe en lui-même, s'il est le même ou bien s'il est différent de vos bras, de vos jambes, de votre torse, et de votre tête. S'il existe si concrètement présent comme il semble l'être à la lumière de l'analyse, il serait plus évident de savoir si le corps correspond à l'une de ses propres parties, s'il est leur somme, ou s'il relève d'un élément différent. Plus on cherche, moins on trouve de réponse. C'est le cas de l'ensemble des phénomènes. Le fait que l'on ne puisse pas les découvrir à partir d'une telle analyse signifie qu'ils ne peuvent pas exister en soi. Ils ne sont pas établis par eux-mêmes. Ils n'existent pas de manière inhérente, malgré les apparences du contraire.

Cela ne signifie pas que les êtres sensibles et que les choses n'existent pas. Ils n'existent pas d'une manière aussi concrète qu'il y paraît. Si vous analysez et méditez bien, vous saisirez l'harmonie qui sous-tend l'apparence des personnes, des phénomènes, et de la vacuité de leur existence intrinsèque. Sans cette perception, le vide et l'apparence semblent s'empêcher de coexister.

Tous les phénomènes – les causes et les effets, les agents et les actes, bons ou mauvais – existent selon les conventions. Ils sont « productions conditionnées ». Les phénomènes ne sont pas indépendants parce qu'ils dépendent d'autres facteurs pour exister. Cette absence d'indépendance – ou vacuité de l'existence intrinsèque – indique leur vérité ultime. Le comprendre est la sagesse.

La cause fondamentale de la souffrance est l'ignorance, cette fausse conception que les êtres vivants et les choses existent de manière inhérente. Tous les états d'esprit erronés reflètent cette erreur. L'un des buts principaux de la voie spirituelle est de combattre l'ignorance par la sagesse. Une conscience éclairée, fondée sur la réalité, comprend que les êtres vivants et les autres phénomènes n'existent pas de manière intrinsèque. Telle est la sagesse de la vacuité.

L'un des écrits les plus impressionnants et les plus utiles du Premier Panchen Lama est son *Argument contre l'ignorance*, qui ressemble au huitième chapitre du *Guide de la manière de vivre du Bodhisattva* où se trouve une discussion sur l'égocentrisme et l'amour des autres. *L'Argument contre l'ignorance* du Premier Panchen Lama présente un débat animé entre cette fausse conception que les êtres sensibles et les objets existent de manière intrinsèque, la sagesse de « production conditionnée », et de la vacuité. Lorsque j'ai lu ce livre, j'ai compris que mon approche de la Voie du Milieu était incomparable.

À partir de cette discussion, j'ai assimilé qu'il est extrêmement difficile, après avoir réfuté l'existence intrinsèque, d'affirmer l'existence nominale et implicite des personnes et des phénomènes. Ce qui se trouvait confirmé par une strophe de Tsonkhapa selon sa présentation d'un point de vue particulier dans son *Grand Traité sur les Étapes de la Voie de l'Éveil :*

Bien qu'il soit difficile pour ton esprit d'affirmer la production conditionnée
De la cause et de l'effet en l'absence de l'existence intrinsèque.
Il serait merveilleux que tu te fondes sur une approche

Qui affirme qu'un tel système est celui de la Voie du Milieu.

Auparavant, je ne contestais pas la manière dont les êtres sensibles et les objets nous apparaissent. J'avais laissé cette apparence intacte, et je considérais la négation de l'existence intrinsèque comme au-delà de l'apparence fondamentale et conventionnelle. En réfléchissant sur le sens du texte du Premier Panchen Lama, j'ai acquis une compréhension nouvelle. Cela peut s'expliquer par ma réaction à une déclaration de l'érudit yogi tibétain, Gungtang Könchok Tenpay Drönmay, décédé, qui vivait à la fin du XVIIIe et au début du XIXe siècle :

> Parce qu'on recherche l'existence intrinsèque
> par l'analyse
> Le fait de ne pas la trouver réfute l'existence
> intrinsèque.
> Pourtant, le fait de ne pas la trouver ne nie pas
> le fondement de ce qui est recherché,
> Ainsi plus tard, on ne perçoit qu'une évocation
> seulement nominale.

Gungtang Könchok Tenpay Drönmay semble indiquer que, à part le fait de réfuter l'existence intrinsèque, *en plus* du phénomène, l'apparence du phénomène lui-même n'est pas mise en cause. Le phénomène lui-même ne l'est pas davantage, mais il semble que, selon lui, les apparences karmiques des phénomènes sont inchangées, de sorte qu'elles nous apparaissent établies d'après leurs propres caractéristiques. L'existence intrinsèque supplémentaire est niée. Telle est la perspective de la plus inférieure des deux écoles de la Voie du Milieu, l'École de l'Autonomie.

Pour celles-ci, si les phénomènes étaient définitivement établis, ils le seraient à partir de leur propre manière d'être. En ce cas, ils devraient apparaître comme l'ultime sagesse. Comme les phénomènes tels que les quatre éléments ne paraissent pas représenter la sagesse ultime, ces phénomènes n'existent pas ultimement. Tel est le point de vue de l'École de l'Autonomie. Il me semble que, à partir d'une telle perspective, contrairement à l'affirmation de Tsongkhapa sur la définition de la plus élevée des deux écoles de la Voie du Milieu, il ne serait *pas* difficile d'affirmer à la lumière d'une telle analyse la production conditionnée de cause à effet.

L'Argument contre l'ignorance du Premier Panchen Lama indique que, lorsque les formes et autres nous apparaissent dès le début, elles semblent établies selon leur caractéristiques. Quand cette apparence est niée, il semble que le phénomène lui-même n'existe plus. C'est pourquoi Tsongkhapa estime qu'il est difficile d'affirmer la production conditionnée de la cause et de l'effet, en l'absence de l'existence inhérente. Aidé par l'*Argument contre l'ignorance* du Premier Panchen Lama, j'ai compris la vérité de ce que disait Tsongkhapa. Ce livre m'a vraiment aidé.

Comprendre que vous n'existez pas de manière intrinsèque selon que vous n'êtes ni un ni plusieurs, ni singulier ni pluriel, maintenir cette perspective, ébranle – un peu – l'ignorance en ce qui concerne l'existence intrinsèque. Cette conscience ne surmonte pas entièrement la conception de l'existence intrinsèque, qui subsiste par rapport à soi. Pourquoi ? Parce qu'un « moi » conventionnel, existant de manière intrinsèque, demeure, malgré cette prise de conscience. Dès que le « moi » apparaît, avec lui surgit l'existence intrinsèque qui doit être réfutée. Il faut donc prendre la conscience que le « moi » qui apparaît en observant l'esprit et le corps, n'existe pas. *Ce « moi » n'existe pas.* Ainsi que le dit le Premier Panchen Lama :

> Réfutant simplement l'existence vraie
> Du « moi » qui apparaît en observant l'âme et le corps,
> Prenez cette absence même comme l'objet de votre attention,
> Avec une apparence claire, sans laisser sa force se détériorer.

Le Premier Panchen Lama estime que, si vous méditez de cette façon, cela affaiblit le concept de l'existence intrinsèque. Cela m'a beaucoup aidé.

Lorsque vous traversez les stades de la mort, essayez de saisir cette nature ultime des phénomènes, la vacuité de l'existence intrinsèque, comme objet de méditation des esprits les plus subtils et puissants, et concentrez-vous uniquement là-dessus. Grâce à ce yoga, vous parviendrez à votre propre nature ultime. Entre deux natures, la conventionnelle et l'ultime, choisissez l'ultime, l'absence de l'existence intrinsèque.

Résumé des conseils

1. Les attitudes et les conceptions variées relèvent de forces différentes à propos du mouvement du souffle sur leurs objectifs respectifs.

2. Apprenez que, après les quatre signes internes du mirage, de la fumée, des lucioles et de la flamme (d'une lampe ou d'une bougie, vacillante au début, stable ensuite), trois esprits plus subtils, ciel-mental d'une blancheur éclatante, ciel-mental rouge orangé, et ciel-mental d'un noir profond se succèdent.

3. Cherchez à utiliser ces esprits plus subtils afin de réaliser la véritable vacuité.

4. La vacuité ne signifie pas la non-existence. Il s'agit plutôt du manque d'existence intrinsèque des phénomènes, êtres et choses.

5. Apprenez à analyser les phénomènes : existent-ils intrinsèquement, sont-ils l'agrégat de leurs parties individuelles, ou entièrement quelque chose d'autre. Cela indique que les phénomènes ne sont pas aussi concrets qu'il y paraît.

6. Les causes et les effets, les agents et les actions, le bien et le mal existent d'une manière conventionnelle : en réalité, ils sont les productions conditionnées.

7. Leur absence d'indépendance, ou leur vacuité d'existence intrinsèque correspond à leur réalité ultime. C'est ce dont la sagesse prend conscience, ainsi l'igno-

rance, qui sous-tend l'envie sexuelle, qui entraîne la haine et la souffrance.

8. Grâce à ce yoga, parvenez à connaître votre nature ultime aussi bien que celle de tous les phénomènes.

8

La claire lumière de la mort

> « Réalisez que le corps est aussi impermanent qu'un plat en argile. Sachez que les phénomènes sont comme des mirages, sans existence inhérente. Après avoir détruit les armes empoisonnées de l'attachement – aussi séduisantes que les fleurs – Vous parviendrez au-delà même des visions de la mort. »
>
> Bouddha.

Strophe douze

Puissent les claires lumières de la mère et de l'enfant se rencontrer
Quand la réalisation presque achevée se dissout dans l'entièrement vide,
Que toutes les multiplications cessent et qu'une expérience
Semblable à un ciel d'automne sans pollutions se lève.

D'après le Yoga Tantra Supérieur, il n'existe pas d'esprit plus subtil que l'esprit de claire lumière. Il sert de base à toutes les apparitions du cycle des existences et du nirvana.

Cet esprit de claire lumière existe sans interruption depuis le cycle des existences qui n'a pas de commencement. Il est appelé l'*esprit fondamental* puisqu'il n'est pas temporaire, tandis que le ciel-mental noir profond presque total, le ciel-mental rouge orangé, etc. produits *récemment* sont obligés de disparaître en raison de conditions temporaires et fortuites. Cette nature innée de la claire lumière totalement vide est l'esprit intérieur.

Les autres esprits peuvent être considérés comme rudimentaires bien qu'il existe parmi eux de nombreux niveaux primitifs, comme de subtilité. Par rapport à l'esprit de claire lumière, même les esprits de l'apparition blanche, de l'apparition rouge orangé, de l'apparition noire presque totale, plus subtils que la conscience ordinaire – sont rudimentaires, comparés à l'esprit fondamental et inné de la pure lumière, ils demeurent aussi temporaires que la conscience ordinaire.

Selon cette perspective, le monde des conceptions erronées du sujet et de l'objet (mentionnée dans la strophe quatre), se réfère à ces phénomènes issus d'actions (karma), qui naissent de la conception des niveaux les plus grossiers de la conscience. Si l'on est capable de vivre pour toujours dans la nature innée de la claire lumière sans régresser vers des niveaux plus simplistes, il n'y a plus d'accumulation du karma. Pour rester constamment dans la nature inée de la claire lumière, il faut enlever les blocages de l'omniscience, défilé des *apparences* erronées du sujet et de l'objet, comme si elles existaient de manière intrinsèque. Si l'on est capable de demeurer dans la claire lumière, la conscience conceptuelle cesse. Jusque-là on se trouve sous l'oscillation d'un niveau plus primitif de conscience temporaire, et l'on accumule du karma.

Au cours de la phase finale de la mort, lorsque les consciences rudimentaires se dissolvent dans la vacuité qui est la claire lumière, la nature innée fondamentale, les myriades d'objets du monde, des concepts tels que le même et la différence, sont pacifiés par cet esprit le plus subtil. Les apparitions d'environnements et d'êtres sensibles ont eux-mêmes disparu. Si l'on est apte à transformer la claire lumière de la mort en une conscience spirituelle pleinement qualifiée, l'esprit reconnaît alors son propre visage, sa vraie nature : l'entité de l'esprit fondamental.

Pour le non-pratiquant, les apparitions grossières disparaissent également. Cette fuite des visions conventionnelles n'est pas due à une réalité atteinte grâce à la méditation. Au cours des quatre derniers stades de la mort, les souffles qui servent de supports à la conscience deviennent de plus en plus subtils. À la dernière phase, les souffles temporaires qui portent la conscience ont tous été dissous, l'esprit (que l'on soit pratiquant ou non) devient indifférencié, tandis qu'une ouverture immaculée surgit.

Le pratiquant désire dépasser cette vacuité ordinaire, cette simple absence d'apparitions conventionnelles. Quand la claire lumière apparaît, essayez de prendre conscience de la vacuité extraordinaire de l'existence intrinsèque, grâce à l'esprit de la claire lumière. On n'y parvient pas par un effort à l'heure de la claire lumière, mais grâce à la force de l'habitude avant la phase de la dissolution, et une forte conscience de la vacuité pendant la naissance des trois esprits : les ciels-mentaux blanc, rouge orangé et noir. Ce qui confirme l'importance d'une pratique continuelle.

La pierre d'angle de ma propre pratique spirituelle repose sur une réflexion sur les quatre enseignements fondés sur l'impermanence, la souffrance, la vacuité, et l'altruisme. En outre, je médite sur les stades de la mort, qui font partie de huit pratiques différentes, quotidiennes et rituelles. J'imagine la dissolution de l'élément terre dans l'eau, de l'élément eau dans le feu, etc. Bien que je ne puisse prétendre à une profonde expérience, ma respiration s'arrête un instant lorsque le rituel réclame qu'on imagine la dissolution de toutes les apparitions. Je suis sûr que des versions plus complètes se manifestent si le disciple visualise ces dissolutions d'une manière plus détendue et plus approfondie. Depuis que mes pratiques quotidiennes du Yoga de la Déité impliquent toutes la visualisation de la mort, je m'habitue à ce processus. À l'heure de ma mort, ces mouvements me seront en principe familiers. Mais je ne sais pas si je réussirai.

Certains de mes amis religieux, parmi lesquels des pratiquants d'un système nommé la Grande Perfection dans l'ordre Nyingma du bouddhisme tibétain, m'ont raconté de profondes expériences de dissolution, toujours similaires. Des Tibétains certifiés morts cliniquement n'ont pas subi de décomposition physique pendant un certain temps. L'année dernière, le corps d'un lama de l'ordre Sakya est resté en bon état, sans se décomposer, pendant plus de vingt jours. Il « mourut » à Dharamsala, mais il y demeura grâce à la méditation. Son corps fut transporté ensuite à Rajpur dans la région de Dehra Dun, où il ne se décomposa pas davantage. Je connais les cas similaires d'une quinzaine de Tibétains dont les corps ne se décomposaient pas, les uns pendant quelques jours, les autres plus longtemps, jusqu'à trois semaines. Celui de mon propre tuteur, Ling Rinpoché, est demeuré intact pendant treize jours.

Cet état, dans sa forme la plus élevée, quand il se transforme en expérience spirituelle, s'appelle la rencontre des pures lumières d'une mère et de son enfant. La claire lumière de la mère apparaît naturellement pendant la mort, grâce à la force du karma. La claire lumière de l'enfant se manifeste lorsqu'on a cultivé la voie spirituelle avec la pratique intense d'un yogi dans une méditation passée. La rencontre de la claire lumière de la mère et de celle de l'enfant n'est pas celle de deux entités, mais plutôt la claire lumière de la mort, la mère, qui naît grâce au karma, et se transforme en une conscience spirituelle, c'est-à-dire la claire lumière de l'enfant. Ainsi s'effectue la rencontre des claires lumières de la mère et de l'enfant.

Selon une autre interprétation, on considère la pure lumière de l'enfant comme la vacuité. La rencontre des deux claires lumières signifient que la claire lumière de la mère n'est pas un esprit ordinaire de la mort, mais qu'elle peut servir à saisir la vacuité de l'existence intrinsèque, la claire lumière de l'enfant. Considérer la claire lumière de la mère comme un esprit ordinaire de la mort correspond à l'interprétation la plus courante, mais ces deux significations sont essentiellement les mêmes.

LES GOUTTES SUBTILES, FONDEMENT DES ESPRITS SUBTILS

La manifestation des niveaux plus profonds de la conscience est intimement liée au processus physique des quatre éléments – terre, eau, feu et vent ou souffle – surtout ce dernier, puisque les souffles servent de fondement à la conscience. Également impliquée dans le processus de mourir, la goutte de matière subtile du cœur contient la conscience la plus subtile de l'état ordinaire.

Dans le Kâlachakra Tantra, un autre Yoga Tantra Supérieur de Bouddha, qui a acquis une grande notoriété en Inde au xe siècle, on trouve une curieuse présentation de huit gouttes de matière subtile à des points stratégiques du corps. Il s'agit de lieux de profanation qui doivent être purifiés et qui deviennent ensuite un potentiel. Comme la goutte du cœur dans le Guhyasamaja Tantra (principal système exposé dans ce livre), ces huit gouttes forment de la matière subtile de la taille d'une graine de moutarde et sont composées de constituants de base blancs et rouges, supports des consciences subtiles. Les prédispositions formées par des actions vertueuses et non vertueuses sont distillées en ces consciences subtiles. Les actions du corps, de la parole, et de l'esprit déposent des tendances latentes dans les consciences qui résident en ces gouttes matérielles, où elles demeurent en dépôt jusqu'à ce que certaines conditions les incitent à se manifester en tant que plaisir, douleur, et autres événements du cycle des existences.

Deux groupes contiennent chacun quatre gouttes. Chaque paire travaille ensemble pour créer divers états de conscience. Le premier groupe se situe 1) au front (ou au sommet de la tête), 2) à la gorge, 3) au cœur, et 4) au nombril ; le deuxième groupe est situé 1) au nombril, 2) à une place secrète (la base de la colonne vertébrale), 3) au centre de l'organe sexuel et 4) à l'extrémité de l'organe sexuel. Les gouttes au front et au nombril produisent l'état d'*éveil* ; les gouttes dans la gorge et à la base de la colonne vertébrale produisent l'état de *rêve* ; les gouttes du cœur et du centre de l'organe sexuel produisent l'état de *sommeil profond* ; les gouttes du nombril et de l'extrémité de l'organe sexuel produisent l'état de *félicité sexuelle*. La seule goutte du nombril contient deux différentes prédispositions : l'une produit l'état éveillé en tant que quatrième du groupe supérieur des gouttes, et l'autre un état de *félicité sexuelle* en tant que première du groupe inférieur des gouttes.

Chaque goutte contient deux types de potentiel, pur et impur. Lorsque nous sommes éveillés, les souffles de la partie supérieure du corps se rassemblent sur le front, et les souffles de la partie inférieure, au nombril. Les forces pures forment de simples apparences d'objets, et les impures des apparences d'objets impurs. Tandis que nous rêvons, les souffles supérieurs du corps se rassemblent à la gorge, et les souffles inférieurs dans la région secrète. Les puissances pures produisent de véritables sons tandis qu'il émane des pouvoirs impurs des paroles confuses. Pendant le sommeil profond, les souffles supérieurs se rassemblent au cœur et les souffles inférieurs au centre de l'organe sexuel. Les puissances pures font naître une clarté immatérielle, et les puissances impures l'obscurité. Pendant une forte excitation sexuelle, les souffles supérieurs se rejoignent au nombril et les souffles inférieurs se rassemblent à l'extrémité de l'organe sexuel. Tandis que les puissances pures induisent la béatitude, les puissances impures, elles, produisent une émission ou sécrétion sexuelle (pour les hommes comme pour les femmes).

L'entraînement spirituel selon la tradition Kâlachakra est dirigé vers la purification de ces quatre groupes de gouttes. En purifiant les gouttes du front et du nombril, d'où l'apparence des objets impurs durant l'Éveil, ces objets deviennent des apparitions de formes vides – au-delà de la matière. En tant que formes vides, ces apparences peuvent être utilisées dans la Voie vers l'Éveil. Les gouttes dans la gorge et à la base de la colonne vertébrale peuvent recréer un langage erroné, mais en les « nettoyant » il est possible de découvrir des « sons invincibles » qui faciliteront la voie spirituelle. Les gouttes dans le cœur et au centre de l'organe sexuel ont la capacité de produire l'obscurité, mais si on les nettoie, il devient possible d'orienter la sagesse non conceptuelle vers la voie spirituelle. Les gouttes du nombril et de l'extrémité de l'organe sexuel peuvent susciter l'émission. En les purifiant, le bonheur peut se transformer en béatitude immuable, sans émission, qui servira à un but spirituel. Ces capacités positives se sont développées selon des formes de plus en plus élevées et se transforment finalement en corps adamantin, avec la parole, l'esprit, et la félicité d'un Bouddha.

Selon la tradition Kâlachakra, les obstacles qui maintiennent les êtres dans un état de souffrance avec des limitations qui les empêchent d'être altruistes d'une façon efficace sont incluses dans ces quatre gouttes. Ce n'est pas la matière en elle-même des gouttes qui sert de base à la diffusion karmique de ces obstructions, mais plutôt les souffles et les esprits très subtils qui demeurent en ces deux groupes de quatre gouttes, et qui sont infusés par les potentiels karmiques, vertueux et non vertueux. Les gouttes matérielles sont les supports de ces esprits et souffles subtils, de la même manière que notre corps grossier sert de support à notre esprit.

Il y a deux ans, un yogi tibétain qui pratiquait le style de méditation de la « Grande Perfection » selon la tradition Nyingma est parvenu à faire disparaître totalement son corps physique, ce que nous appelons « obtenir un corps d'arc-en-ciel ». Il se nommait Achok et venait de Nyarong. Il avait étudié la philosophie de temps en temps dans une université monastique Geluk, près de Lhasa, appelée Sera. Il avait reçu aussi un enseignement de mon plus jeune tuteur, Trijang Rinpoché, mais son véritable maître était le lama Nyingma, Dujom Rinpoché. Bien qu'il ait pratiqué le Tantra selon l'ancienne et la nouvelle école du bouddhisme tibétain, sa principale pratique était la récitation de *Om Mani Padme Hum* avec la méditation qui l'accompagne.

Il y a trois ans environ, Achok disait souvent qu'il espérait avoir l'occasion de rencontrer en cette vie le Dalaï Lama. Un jour, il demanda à ses disciples de faire des offrandes pour la vie du Dalaï Lama. Après qu'ils eurent accompli cette mission, Achok les surprit en leur annonçant qu'il allait partir. Il mit sa robe de moine, de couleur safran, et leur ordonna de l'enfermer dans sa chambre pendant une semaine. Ses disciples lui obéirent. Une semaine plus tard, ils entrèrent dans sa chambre pour constater qu'il avait disparu en ne laissant que sa robe. L'un de ses disciples et un moine qui l'accompagnait dans sa pratique vinrent à Dharamsala où ils me racontèrent cette histoire et me donnèrent un fragment de sa robe.

Comme Achok vivait la plupart du temps retiré, en moine sans prétentions, à la différence de certains lamas, il donnait la preuve qu'il était un bon pratiquant, et finalement il parvint à disparaître. On constate la connexion entre la cause et l'effet. Il existe d'autres personnes auxquelles on prête des miracles sans véritables raisons.

Selon le Yoga Tantra Supérieur, les pouvoirs – qui dans la vie ordinaire produisent des illusions et des êtres impurs par l'opération du souffle très subtil et de l'esprit – sont purifiés par la pratique de la voie spirituelle grâce à laquelle ils sont transformés dans l'esprit, la parole et le corps d'un Bouddha. Notre but est de manifester l'esprit fondamental et inné de la claire lumière, niveau le plus subtil de la conscience, et de demeurer à ce niveau de l'esprit sans régresser à des niveaux plus grossiers. Cet état purifié n'est pas seulement mental : il implique le corps, un corps modelé par le souffle, ce souffle qui représente le summum de l'esprit de la claire lumière. Le but ultime de ces manifestations est d'aider les autres à atteindre la délivrance de la souffrance et des limitations.

L'objectif de ce processus de purification est de parvenir à la nature lumineuse et sage de l'esprit : comprendre que les émotions perturbatrices telles que l'envie sexuelle, la haine, l'inimitié, la jalousie et l'agressivité ne résident pas dans l'essence même de l'esprit mais dans sa périphérie. Lorsque l'esprit connaît sa propre nature et quand cela s'accompagne d'une concentration puissante, il devient peu à peu possible de réduire et de surmonter les états perturbateurs qui activent le processus de la souffrance récurrente. Tel est le point de vue tibétain de la relation intime entre l'esprit et la matière, actifs au cours du processus de purification altruiste.

Résumé des conseils

1. La phase finale du processus de la mort survient quand apparaît la nature innée de la claire lumière. Cette

nature de l'esprit existe depuis le temps sans commencement et continuera à exister pour toujours.

2. Éventuellement, dans l'état de bouddhéité, on peut demeurer dans la nature innée de la claire lumière sans régresser vers le processus contraire des niveaux plus rudimentaires de la conscience. À ce point, il n'y a pas d'opportunité pour accumuler du karma.

3. Même pour le non-pratiquant ordinaire, il n'y a plus d'apparitions grossières au moment de la mort. Un pratiquant très avancé dans la voie spirituelle peut tenter d'utiliser cette nature pour réaliser la vérité, la vacuité de l'existence inhérente, grâce à la force de l'habitude acquise par la méditation sur le vide.

4. La nature ordinaire de la claire lumière qui se manifeste au stade final de la mort est nommé la claire lumière de la mère. La claire lumière suscitée par la force d'une familiarité avec la voie spirituelle est nommée la claire lumière de l'enfant.

5. Quand la claire lumière de la mort – celle de la mère – qui survient grâce au karma, devient une conscience spirituelle en contact avec la vacuité, la claire lumière de l'enfant, se produit alors la rencontre des claires lumières de la mère et de l'enfant.

Strophe treize

Puissions-nous être immergés dans une profonde absorption méditative
Dans la sagesse exaltée de l'union de la félicité innée et de la vacuité

Durant les quatre périodes de vacuité pendant la dissolution du constituant d'une blancheur lunaire
Par le feu de la Puissante Femelle rapide comme l'éclair.

Grâce aux techniques de concentration, les yogis génèrent une chaleur intérieure, appelée la Puissante Femelle ou « chaleur mystique » (*Tumo* en tibétain), qui remonte dans le canal central de sa place habituelle dans le plexus solaire. Cette chaleur mystique fait fondre le constituant blanc dans la complexité des canaux au sommet de la tête (la roue de grande béatitude). Sur un plan métaphorique, ce constituant blanc, essentiel, se compare à la lune et se nomme la nature de l'Éveil. À mesure que le constituant fond, il descend à l'intérieur du canal central. Lorsqu'il atteint graduellement la chakra de la gorge, du cœur, du nombril et des régions secrètes, quatre niveaux de joie sont ressentis : la joie, la joie suprême, la joie spéciale et la joie innée.

Ces quatre joies représentent les sagesses exaltées de la grande félicité. Ces joyeuses sagesses ont la vacuité pour objet, ainsi, le bonheur suprême et la vacuité sont-ils censés être joints. Grâce à la sagesse méditative de la grande félicité dans le Yoga Tantra Supérieur, quand la claire lumière de la mère surgit à la mort à cause du karma, il est possible de la transformer en conscience d'une voie spirituelle (la claire lumière de l'enfant). Le souhait de la strophe du poème du Panchen Lama – l'ultime qui concerne l'état de mort – est programmé pour avoir cette capacité.

Une personne qui pratique tous les jours le Yoga Tantra Supérieur imaginera l'apparence des huit signes de la mort – mirage, fumée, lucioles, la flamme d'une lampe à beurre, un ciel-mental d'une blancheur éclatante, un ciel-mental éclatant rouge orangé profond, la quasi-perfection d'un noir profond et la claire lumière – en conjonction avec une réflexion sur la vacuité, qui se produit grâce à une triple concentration : vous identifiez le signe qui apparaît, puis le signe précédent, et ensuite le signe suivant. Par exemple : « Les lucioles apparaissent. De la fumée s'échappe. Une flamme est sur le point de naître. » Bien que les huit signes ne se présentent pas vraiment pendant la méditation, sauf pour les yogis avancés, vous maintenez les trois prises de conscience dans votre imagination afin de développer une habitude de ces signes. Au cours d'une pratique avancée, lorsque vous atteignez le niveau requis, si vous méditez avec concentration sur la vacuité, les signes se manifesteront spontanément.

Le Yoga de la Déité

Selon la pratique du Tantra, l'imagination sert à accélérer le développement spirituel. Le Yoga de la Déité vous demande :

1) d'imaginer que votre esprit (bien que souvent tourmenté par de pénibles émotions) se trouve être un esprit de pure sagesse, mû par la compassion ;

2) de substituer à l'apparence habituelle de votre corps (constitué de chair, de sang et d'os) un corps qui s'élèverait d'une sagesse motivée par la compassion et

3) d'accroître un sens de pur soi, fondé sur une pure apparition de corps et d'esprit, dans un environnement idéal, totalement impliqué à secourir les autres. Selon cette méthode, vous vous imaginez comme si vous aviez revêtu l'apparence du Bouddha, ses activités, ses ressources et son décor. L'imaginaire en est la clef. En méditant vous-même sur cette condition idéale, vous commencez par vous concentrer sur la vacuité, en développant une prise de conscience aiguë sur la vacuité de l'existence intrinsèque, autant que vous le pouvez. C'est à partir de cette prise de conscience que la divinité apparaît. L'esprit se rendant compte de la vacuité surgit telle une divinité avec son décor, ses ressources et ses actes de compassion à lui ou à elle. De cette manière, le Yoga de la Déité représente l'union de la sagesse et d'un élan de compassion. La conscience appréhende le principe de vacuité et se présente sous l'apparence d'une Déité agissant avec compassion. Selon la forme particulière du Yoga de la Déité qui se trouve dans le Yoga Tantra Supérieur, il faut le pratiquer six fois par jour. Les disciples se concentrent d'abord sur la vacuité, mais, lorsqu'ils s'unissent, quel que soit leur niveau de compréhension de la vacuité, ils sont aux prises avec le dévoilement graduel des huit signes de la mort. Au stade final, ils se servent de la nature innée de la claire lumière pour prendre conscience de la vacuité, à l'aide d'une perception qui imite un tel état d'esprit comme base

d'où ils apparaissent dans l'idéal sous la forme chargée de compassion de la Déité.

L'union sexuelle et la Voie spirituelle

Un pratiquant doué de compassion et de sagesse peut utiliser le coït sur le chemin spirituel comme une technique pour faire fortement converger la conscience en manifestant la nature innée et fondamentale de la claire lumière. Son but est d'actualiser et de prolonger les niveaux les plus profonds de l'esprit afin de se servir de leur pouvoir pour mieux renforcer la prise de conscience de la vacuité.

Un simple rapport sexuel n'a rien à voir avec le développement spirituel, mais lorsqu'une personne est parvenue à un niveau très élevé de pratique en conviction et sagesse, même en joignant les deux organes sexuels, un prétendu rapport ne porte pas atteinte au maintien d'une conduite pure.

Comment les rapports sexuels peuvent-ils venir en aide à la progression sur la Voie ? Puisque le potentiel des niveaux les plus frustes de l'esprit est très limité, et les niveaux les plus subtils infiniment plus puissants, des pratiquants parvenus à un niveau élevé ont besoin d'accéder à ces niveaux les plus subtils de l'esprit. Pour les atteindre, la conscience grossière a besoin d'être affaiblie et immobilisée temporairement. Pour atteindre cet objectif, il est nécessaire de susciter un changement radical dans le courant des énergies intérieures. Même si de brèves approches des niveaux les plus profonds de l'esprit se manifestent pendant les éternuements et les bâillements, ils ne peuvent visiblement pas se prolonger.

De même, l'expérience de l'expression des niveaux profonds est nécessaire afin de s'en servir pendant le sommeil profond. C'est pour cette raison que le sexe est utilisé. Grâce à des techniques spéciales de concentration pendant l'orgasme, des pratiquants compétents peuvent prolonger des états subtils, très profonds et puissants, afin de les utiliser pour atteindre le vide. Si vous avez un rapport sexuel dans un contexte ordinaire, il n'apporte aucun bénéfice.

Le père de feu Serkong Rinpoché était un grand érudit et un pratiquant accompli. Il appartenait au monastère de Ganden qui se trouve à une bonne distance au sud-est de Lhasa. Son principal lama, Trin Ngawang Norbu, résidait au monastère de Drepung, à l'ouest de Lhasa. Le père de Serkong Rinpoché qui habitait à Lhasa faisait chaque matin de bonne heure une longue marche jusqu'à Drepung où il allait chercher de l'eau pour son lama, faisait le ménage et recevait de temps en temps des enseignements durant la journée. Il retournait ensuite à Lhasa.

Un soir, le père de Sekong rencontra une fille et rompit ses vœux. Regrettant profondément son acte, le lendemain matin, il se rendit en larmes à Drepung. Lorsqu'il pénétra dans la chambre du lama, celui-ci avait déjà accompli une cérémonie. Le maître, Trin Ngawang

Norbu, lui dit : « Tu as rechuté, mais c'est bien. À présent, tu dois pratiquer le Tantra avec une compagne. » Ces paroles en elles-même étaient surprenantes, mais ce qui parut encore plus extraordinaire fut que, après la mort de la compagne, le mantra de la déesse Vajrayogini se manifesta sur le crâne de la morte.

Pendant la même période, un autre lama, Tabung Rinpoché, pratiquait aussi le Tantra avec une compagne. Un jour favorable du mois, quand le Régent et d'autres lamas âgés tels que Trijang Rinpoché (devenu mon tuteur) recevait l'enseignement de Tabung Rinpoché, le rituel avait lieu accompagné par deux instruments qui ressemblaient à des flûtes. Les deux musiciens utilisaient l'un la main droite et l'autre la main gauche, de sorte que, quand ils se regardèrent, ils en étaient à jouer deux mélodies très différentes. L'auditoire cessa de chanter et éclata de rire devant l'étrangeté de cette musique. Lorsqu'ils regardèrent Tabung Rinpoché, celui-ci, assis tranquillement, n'était pas conscient de ce qui se passait. Plus tard, le Régent comprit que, à ce moment-là, Tabung Rimpoché recevait un enseignement au niveau de l'apparence pure.

Pendant cette période, le Treizième Dalaï Lama mena une investigation sur d'authentiques lamas et en licencia un bon nombre. Il fit, une exception pour le père de Serkong Rinpoché et Tabung Rinpoché. De cette manière, il reconnut officiellement leur capacité extraordinaire et leur droit spécial de se servir d'une compagne selon la pratique du Tantra. Ainsi, ont-ils dû avoir des expériences plus profondes, mais je n'ai jamais entendu dire qu'ils s'en étaient vantés.

RÉSUMÉ DES CONSEILS

1. Le pratiquant au plus haut niveau peut transformer la claire lumière de la mère, qui se lève au moment de la mort grâce au karma, dans la conscience de la Voie spirituelle.

2. Aux niveaux inférieurs, ceux qui pratiquent le Yoga de la Déité du Yoga Tantra Supérieur imaginent l'apparence des huit signes de la mort dans le cadre d'une attention triplée, identifiant le signe qui apparaît, le précédent et celui survient. Pratiquez la série des huit signes en conjonction avec la réflexion sur la vacuité. Chacune se divise en trois parties, excepté pour la première et dernière qui n'en ont que deux :

— Le mirage apparaît. La fumée est prête à s'élever.

— La fumée émerge. Le mirage vient de disparaître. Les lucioles se préparent à naître.

— Les lucioles surgissent. La fumée vient de s'évanouir. Une flamme se prépare à s'élever.

— Une flamme se présente. Les lucioles viennent de s'envoler. Un ciel-mental d'une blancheur éclatante se prépare.

— Un ciel-mental d'une blancheur éclatante se produit : Une flamme vient de passer. Un ciel-mental rouge orangé se prépare à venir.

— Un ciel-mental rouge orangé apparaît. Le ciel-mental d'une blancheur éclatante vient de disparaître. Un noir profond se prépare à éclore.

— Un noir profond apparaît. Un ciel-mental d'un rouge orangé vient de s'éloigner. La nature de la claire lumière est sur le point de jaillir.

— La nature de la claire lumière apparaît. Le noir profond s'efface.

3. Dans la pratique particulière du Yoga de la Déité dans le Yoga Tantra Supérieur, les pratiquants joignent le niveau de la compréhension de la vacuité qu'ils possèdent à un dévoilement graduel des huit signes de la mort. Ils utilisent ensuite la nature de la claire lumière, conscients de la vacuité – ou une conscience imitant un tel état d'esprit – base d'où ils apparaissent sous une forme idéale, vibrante de compassion comme une Déité.

4. Des pratiquants avancés qui ont une ferme compassion et une grande sagesse peuvent utiliser le rapport sexuel comme une technique pour concentrer intensément l'esprit tandis que se manifeste la nature innée et fondamentale de la claire lumière. Grâce à cet esprit intérieur, ils prennent conscience de la vacuité de l'existence inhérente d'une manière extraordinairement puissante.

9

Réagir à l'état intermédiaire

> « Que ceux qui disent : "Je vais mourir !" cessent d'avoir peur. Comment pourraient-ils craindre les visions mêmes de la mort ? »
>
> Bouddha.

Strophe quatorze

Puissions-nous, à la place de l'état intermédiaire, accomplir l'absorption méditative de l'illusion afin que, en quittant la claire lumière,
Nous nous élevions pour accéder au Corps de la Parfaite Jouissance éblouissante de la gloire des signes et des beautés d'un Bouddha
Issu du souffle et de la nature de la claire lumière de la mort.

Lorsque des yogis naissent de la prise de conscience de la vacuité, grâce à l'esprit le plus subtil, ils le font avec un corps façonné du simple souffle (l'énergie) et de l'esprit, orné des signes et des beautés d'un Bouddha. Ce n'est pas le fruit de l'imagination ou de l'imitation mais un fait. Au lieu de pénétrer dans un état intermédiaire, le yogi sort de l'état de mort et prend ce que nous nommons un Corps illusoire, au lieu de l'état intermédiaire. Ce Corps illusoire peut appartenir à deux genres différents : soit un Corps impur et illusoire ou le Corps de la Parfaite Jouissance d'un Bouddha. Cette strophe correspond au vœu d'accomplir une transformation aussi profonde.

L'esprit de claire lumière et le souffle qui sert à transporter la claire lumière forment une seule entité, mais ils peuvent être divisés sur le plan conceptuel. Le souffle sert de cause substantielle à un Corps illusoire tandis que l'esprit coopère à la condition d'un Corps illusoire. Ces deux causes produisent un Corps illusoire qui évoque le Corps de la Déité favorite que vous avez imaginé, grâce à votre pratique du Yoga de la Déité. Il ne s'agit pas d'un corps en chair et en os. Sa nature, aussi claire et sans entraves qu'un arc-en-ciel, se compose uniquement de souffle et d'esprit.

L'apparition de l'être idéal, la Déité, évoque l'apparition soudaine d'un poisson qui jaillit hors d'un lac. Pendant longtemps, vous avez médité sur vous-même en tant que Déité spécifique, cultivant cette vision et imaginant ce corps idéal afin de préparer cette transformation. L'imitation a conduit au fait.

Niveaux de pratique

J'ai tenté au long de ce livre de souligner l'importance de pratiquer à votre niveau naturel. Dans le Yoga Tantra Supérieur, on compte trois niveaux. Nous avons mentionné des pratiquants qui sont parvenus à un niveau élevé mais qui n'ont pas réussi l'exploit suprême d'atteindre la bouddhéité en cette vie. Ces gens commencent à mourir en raison de la virulence de leur karma pollué et de leurs émotions perturbatrices, mais s'ils sont capables de transformer la mère, claire lumière de la mort, en l'enfant, claire lumière de la Voie, ils pourront éviter l'état intermédiaire ordinaire qui conduit à la renaissance comme à réussir à créer un Corps illusoire actuel qui n'a pas été seulement imaginé.

Le pratiquant du niveau suivant (abordé dans la strophe suivante) n'est pas apte à transformer la claire lumière de la mort en un état de voie spirituelle – et ainsi ne peut produire un Corps illusoire –, mais celui-ci ne subira pas une mort ordinaire. Ce yogi peut transformer la claire lumière de la mort en une forme de la Voie, bien que celle-ci ne soit pas capable de susciter un Corps illusoire. Le yogi peut apparaître, non en réalité, mais en imagination, dans un Corps illusoire, durant un état intermédiaire ordinaire. À ce niveau, un yogi peut choisir sa forme de renaissance, grâce au pouvoir de la compassion, des vœux et de la pleine conscience.

Le pratiquant du niveau suivant (mentionné strophe seize) ne peut transformer la claire lumière de la mort en une voie spirituelle, – et n'est pas susceptible de parvenir à créer un Corps illusoire –, mais il est capable, après la dernière période d'inconscience du ciel-mental, de réalisation presque achevée, d'avoir la pleine conscience de la pratique du Tantra, sous quelque forme que ce soit, pendant la manifestation de la claire lumière. Le mourant qui traverse un état intermédiaire ordinaire renaîtra d'une manière normale, mais il est capable, grâce à ses bonnes dispositions, de susciter une pratique bénéfique, due au rayonnement de ses actions passées comme de la combinaison de circonstances externes et internes.

Les trois niveaux cherchent à générer la claire lumière de la conscience en une sagesse attentive à la vacuité. C'est pourquoi, avant les stades de la dissolution, les trois niveaux deviennent lucides sur la vacuité. Surtout pendant les dissolutions de la terre, de l'eau, du feu et du souffle, et l'émergence des quatre esprits vides, ciel-mental d'une blancheur éclatante, ciel-mental rouge orangé, ciel-mental noir profond, suivie de claire lumière. Ils génèrent le pouvoir de la pleine conscience et contemplent la vacuité de l'existence inhérente et le mode d'immortalité qui est la nature de tous les phénomènes.

Puisque le pratiquant du niveau supérieur est capable de transformer la claire lumière de la mort en une conscience qui comprend la vacuité, cela agit comme un antidote à la mort devenue impuissante. À partir de ce moment, vous n'êtes plus sous le pouvoir de la naissance et de la mort. La vraie nature de tous les phénomènes, contemplés de cette manière, produit l'immortalité (c'est pourquoi on la nomme « immortelle » dans ce poème).

La mort survient par stades, à partir de la dissolution de la terre dans l'eau, jusqu'à et en incluant l'émergence de la claire lumière. Après, dans les cas de mort ordinaire (non celle d'un yogi parvenu à un niveau élevé), les huit stades se déroulent dans l'ordre inverse : passant de la claire lumière au ciel-mental noir, au ciel-mental rouge orangé, au ciel-mental d'une blancheur éclatante, à la flamme, aux lucioles, à la fumée, au mirage. À la fin d'une mort ordinaire trois événements surviennent simultanément : 1) la claire lumière disparaît ; 2) vous vous élevez de la claire lumière de la mort dans la « réalisation presque achevée » d'un noir profond ; et 3) l'état intermédiaire commence ; (après quoi les autres phases s'effectuent à reculons). De la même façon, un yogi qui se trouve au premier degré de la pratique du Yoga Tantra Supérieur, mais qui se tient dans la métaphore de la claire lumière, s'élève simultanément de la claire lumière au ciel-mental noir profond, en créant un corps illusoire. Cependant, un yogi, au premier niveau de la pratique du Yoga Tantra Supérieur, qui s'élève de l'actuelle claire lumière, ne recule pas dans l'esprit de la réalisation presque achevée, etc. Les niveaux les plus grossiers de l'esprit ont disparu.

Résumé des conseils

1. Les pratiquants très avancés sont capables d'utiliser la claire lumière de la mort et le souffle qui la porte comme les causes substantielles respectivement du pur esprit et du corps.

2. Afin de pouvoir s'élever de la nature de la claire lumière dans un corps pur, façonné par le souffle, il est nécessaire d'avoir imaginé auparavant, par la pratique, que vous avez un esprit et un corps motivés dans un sens altruiste. Ce qui est imité conduit éventuellement à l'accomplissement du réel.

3. Parvenir à la transformation finale ne nécessite pas de passer de la nature innée et fondamentale de la claire-lumière vers un niveau plus grossier de l'esprit. Cela produit un état immortel.

Strophe quinze

Si, grâce au karma, s'établit un état intermédiaire
Puissent les apparitions erronnées être purifiées
Par l'analyse immédiate et en prenant conscience de l'absence de l'existence intrinsèque,
Des souffrances de la naissance, de la mort, et de l'état intermédiaire.

À la fin de la période pendant laquelle l'esprit le plus subtil demeure dans le corps, il se produit un léger souffle de vent qui porte l'esprit de la claire lumière. Le souffle le plus subtil et la conscience la plus subtile laissent tomber sur le cœur la goutte formée de constituants blancs et rouges, et le corps s'en va. Quelques gouttes de sang coulent par le nez, et une petite quantité de fluide blanc essentiel émerge de l'organe sexuel, indiquant que ce dernier niveau de conscience a quitté le corps, quoique ces signes ne se manifestent pas toujours chez les personnes dont les corps ont été ravagés par la maladie. Dans ce cas, le corps commence à pourrir et il sent mauvais.

Les meilleurs des yogis qui n'ont pas atteint la bouddhéité durant leur vie, obtiennent un corps illusoire au lieu de l'état intermédiaire. Les gens ordinaires sont incapables de s'élever dans un corps illusoire parce qu'ils n'ont pas atteint les plus hautes réalisations, ils pénètrent dans un état intermédiaire ordinaire grâce à la force du karma. Si cela arrive, vous devez immédiatement identifier et comprendre votre situation.

Quand la claire lumière cesse et que les sept autres états se mettent à se manifester dans l'ordre inverse, cela indique le début de l'état intermédiaire. Ici, dès le début de l'état entre les vies, vous traverserez les huit phases comme vous le faites en vous réveillant, en commençant un rêve, en sortant d'un évanouissement, ou en émergeant de l'orgasme :

8. claire lumière
7. ciel-mental noir profond

6. ciel-mental rouge orangé éclatant
5. ciel-mental d'une blancheur éclatante
4. flamme d'une lampe
3. lucioles
2. fumée
1. mirage.

Juste comme lorsque vous vous endormez, vous vous réveillez avec un « corps de rêve », de même, durant l'état intermédiaire, vous avez soudain un corps semblable à celui que vous aurez lorsque vous renaîtrez. Ce corps est souvent comme votre futur corps à l'âge de cinq ou six ans. Comme un corps de rêve, il est constitué d'une combinaison du souffle et de l'esprit. Le vent qui porte l'esprit de claire lumière est la cause substantielle de ce corps, mais il est aussi une condition qui contribue à l'entrée dans l'état intermédiaire. À l'inverse, l'esprit de claire lumière est la cause substantielle de l'état intermédiaire et la condition qui contribue au corps de l'être dans l'état intermédiaire.

Il y avait une fois un moine de haut rang de l'ordre Geluk, bon pratiquant et courageux. Lorsque les soldats chinois de l'armée populaire de libération arrivèrent à Chamdo, dans la province Kham, pour libérer le Tibet, ce moine était un des assistants du représentant officiel du gouvernement tibétain de la région. Le représentant sentait qu'il était important de rencontrer les Chinois et demanda à ses assistants si l'un d'entre eux désirait leur parler. Mais tous craignaient de les rencontrer, sauf ce moine de haut rang et un autre assistant. Cet homme de confiance et courageux m'a raconté que, un jour, sa mère lui a dit : « Je vais sombrer dans un sommeil profond. Ne touche pas mon corps. » Elle dormit sans s'éveiller pendant une semaine, puis elle revint à la vie. Pendant cette semaine, son âme ou son esprit ont visité des endroits variés. Son fils, qui n'avait aucune raison de me mentir, ne se faisait pas non plus l'écho d'une rumeur. Il ne s'agissait pas non plus d'une expérience de mort et de résurrection, mais plutôt d'une forme spéciale de Corps-de-rêve.

Au cours de l'état intermédiaire, vous possédez vos cinq sens parce que votre corps est constitué de souffle et d'esprit, mais votre corps, sans ombre, est clair comme un arc-en-ciel, et vous ne laissez aucune trace de pas. Grâce à la force magique du karma, vous êtes naturellement capable de voyager en un laps de temps très court, à travers et autour du monde, sans être freiné par les obstructions de la terre, des rochers, et des bâtiments. Cependant, lorsque vous êtes entré dans l'utérus de votre nouvelle mère, vous ne pouvez plus en sortir. Vous avez beau parler à vos parents, à vos amis et à votre entourage, ils ne vous entendent pas et ne peuvent pas vous répondre. Vous ne voyez pas le soleil, la lune, ou les étoiles. Bien que vous n'ayez pas eu de clairvoyance dans le passé, vous en avez maintenant, mais elle est limitée.

Si vous remarquez les signes qui indiquent que vous êtes dans cet état, il faut se dire : « Je suis mort et je me trouve maintenant dans l'état intermédiaire. » Utiliser le pouvoir de la pleine conscience pour comprendre que les apparitions plaisantes ou désagréables qui se produisent sont issues d'un esprit erroné. Servez-vous en pour assimiler que cela ne vaut pas la peine de s'attacher à ce qui est agréable, ni de vous mettre en colère en raison d'événements pénibles. Imaginez plutôt que vous avez grandi dans un Corps illusoire, en réalisant que les apparences variées et les souffrances de la mort, de l'état intermédiaire et de la renaissance, n'ont pas d'existence inhérente : elles ne sont pas vraies. Sachez que ces apparences sont dues à des actions antérieures (karma) qui, en fait, n'ont même pas une particule de véritable existence.

De même que dans le Yoga de la Déité vous imaginez activement que tout est d'une pureté sans limite, façonné par la compassion et la sagesse, de même ici, dans l'état intermédiaire, vous voyez les apparences des êtres comme des dieux et des déesses, et l'apparence de l'environnement comme de somptueuses demeures, vous détachant par là d'une répulsion pour la laideur ou d'une attirance envers la beauté. Cherchez à vous convaincre que tout ce qui apparaît est vide d'existence inhérente, et que tout ce qui est vide n'est autre qu'une émanation heureuse, celle d'une déité.

Résumé des conseils

1. Il est essentiel de reconnaître les signes qui indiquent que l'on se trouve dans l'état intermédiaire.

2. Considérez les apparences et les expériences

agréables et désagréables comme autant d'expressions de votre bon et de votre mauvais karma.

3. Devant ce qui se présente, imaginez que vous vous trouvez dans un Corps illusoire, les apparences des êtres étant des expressions idéales de compassion et de sagesse, et les apparences qui vous environnent comme autant de splendides demeures.

4. Évitez de rejeter la laideur ou d'être attiré par la beauté.

5. Prenez conscience que les fantasmes variés et les souffrances de la mort, l'état intermédiaire, et la renaissance, sont vides d'existence intrinsèque. Ils n'existent pas de leur propre fait.

Strophe seize

Puissions-nous naître sur une Terre pure
Transformant grâce au yoga l'extérieur, l'intérieur et le secret
Avec l'expression diverse des quatre sens de l'inversion des éléments,
Trois apparitions terrifiantes et des incertitudes apparaissent.

Tant que vous êtes en vie, les vents et les conceptions de votre esprit sont fixés sur des modèles courants. Dans l'état intermédiaire, les vents ou énergies, associés aux quatre éléments inversent leurs modèles habituels. Des clameurs terribles résonnent à la suite de cette inversion. Quand le souffle de la terre s'effondre, un fracas de montagnes qui s'écroulent retentit très fort. Quand le souffle de l'eau s'effondre, un grondement éclate, comme l'océan en colère. Quand le souffle du feu s'effondre, un ronflement tel un violent incendie de forêt fait rage. Quand le souffle du souffle s'effondre, le hurlement d'un terrible ouragan tourbillonne et vous assourdit. Se présentent aussi des apparitions effrayantes de monstres infernaux, de fantômes affamés et d'animaux qui sont autant de projections de votre propre karma. Certaines surgissent comme les Seigneurs de la Mort en brandissant leurs armes et en hurlant : « Frappez ! Tuez-le ! » Comment n'auriez-vous pas peur ?

Le lieu où vous vous trouvez, votre confiance, votre comportement habituel, vos aliments, vos amis et vos sentiments sont devenus totalement aléatoires. L'incertitude de l'endroit où vous êtes vous incite à errer au hasard. L'incertitude de la confiance revient à dire que vous vous réfugiez dans l'éphémère : les ponts, les puits etc. L'incertitude du comportement indique que vous changez brusquement d'avis et que vous errez comme une plume au vent. L'incertitude devant les aliments signifie que vous voyez des mets délicieux mais que vous ne pouvez les manger s'ils ne vous ont pas été destinés. L'incertitude devant les amis signifie que vous fréquentez des gens au hasard des rencontres. L'incertitude des sentiments signifie que vous éprouvez de brusques changements d'humeur – tantôt heureux, tantôt douloureux ou triste, en colère, etc.

En outre, dans l'état intermédiaire, trois gouffres effrayants apparaissent. Un immense gouffre rouge si vous êtes dominé par la luxure, un énorme gouffre gris si vous vivez dans l'ignorance, et un grand ravin noir si la haine vous possède. Quatre chemins indiquent l'orientation que prendra votre prochaine vie. Si là où vous allez, vous apercevez un chemin de lumière blanche, c'est le signe que vous renaîtrez comme un dieu ou un demi-dieu. Un chemin de lumière jaune indique que votre prochaine vie sera celle d'un humain ou d'un animal. Un chemin de lumière noire confirme la renaissance d'un être infernal. Si le chemin est rouge, cela suggère la renaissance d'un fantôme affamé.

Dans l'état intermédiaire, la couleur du corps de quelqu'un qui doit renaître sous forme d'être infernal ressemble à celle d'un morceau de bois brûlé. Un futur animal prendra la couleur de la fumée ; un fantôme affamé celle de l'eau ; un dieu du royaume du désir ou un être humain celle de l'or ; un dieu du royaume de la forme, la couleur blanche. La direction de votre mouvement reflète aussi votre renaissance. Les formes intermédiaires des êtres infernaux, des fantômes affamés et des animaux s'orientent vers le bas, la tête la première. Les formes intermédiaires des dieux du monde du désir (états de renaissance caractérisés par une haute jouissance) et celles des humains vont droit devant eux. Les états intermédiaires des dieux du monde de la forme (états de renaissance caractérisés par une intense concentration), montent.

L'état intermédiaire peut ne durer qu'un instant, surtout si votre karma vertueux est particulièrement puissant, comme cela serait le cas si vous aviez témoigné d'un rayonnement d'un amour et d'une grande compassion, ou ardemment souhaité renaître dans une Terre Pure, ou si votre intention de renaître pour le bien des autres est forte. L'état intermédiaire peut aussi ne durer qu'un instant si votre karma non vertueux est particulièrement virulent, pour avoir, par exemple, tué l'un de vos parents. Sinon, poussé par le karma à des degrés variés d'obscurité et de lumière, vous vous précipitez en cherchant une situation favorable à la renaissance. Si vous ne la trouvez pas avant sept jours, l'état intermédiaire s'éteint. De la même façon que, lorsque vous commencez à sortir d'un sommeil profond, votre Corps-de-rêve se dissout comme un souffle sur un miroir, votre Corps-de-rêve dans l'état intermédiaire se dissout de bas en haut, en s'achevant au cœur. Durant cette petite mort, vous traversez rapidement les huit phases de la mort, mais vous émergez encore dans un nouvel état intermédiaire – en prenant l'ordre inverse.

Ce processus de sept jours peut se poursuivre au plus pendant sept « renaissances » dans l'état intermédiaire, ce qui fait quarante-neuf jours. Certaines personnes assurent que la durée d'une journée est relative. Cela dépend du genre d'être dans lequel vous renaîtrez – cela peut être extrêmement long pour certains –, mais d'autres disent qu'un jour est de la longueur d'une journée ordinaire.

Revenons au poème : parmi toutes ces apparitions variées, efforcez-vous de rester calme et d'agir en sorte que votre environnement extérieur soit merveilleux, parsemé de demeures somptueuses, inestimable. Leurs habitants (tels qu'êtres infernaux, fantômes affamés, animaux, humains, demi-dieux et dieux) apparaissent comme des déités, êtres dont la véritable essence est la compassion et la sagesse), enfin, que le secret (votre propre conscience et vos pensées) apparaisse comme l'absorption méditative de la félicité qui réalise la vacuité. Ainsi, quels que soient les signes qui surgissent, ils sont réversibles grâce à la pratique par laquelle vous renaîtrez sans aucun doute dans une bonne vie. Grâce au pouvoir des trois yogas qui permettent d'imaginer comme étant purs, l'extérieur, l'intérieur, et le secret, vous cherchez à refermer la porte de la renaissance sur une vie impure dans l'existence cyclique, pour renaître dans une terre spéciale et suprême, au-delà du karma pollué et des émotions douloureuses, où vous pourrez continuer votre pratique.

Résumé des conseils

1. Soyez préparé à ce que, dans l'état intermédiaire, il puisse se produire de nombreuses apparitions étranges, tant merveilleuses que horribles. Comprenez maintenant que tout ce qui surgit peut être transformé grâce à votre imagination.

2. Restez calme. Imaginez votre environnement comme autant de magnifiques demeures dans un paysage serein. Regardez les êtres comme ayant tous une

essence de compassion et de sagesse. Considérez votre propre conscience comme un esprit heureux qui se pénètre de la vacuité.

3. Cela vous accordera une renaissance en un lieu où vous pourrez continuer votre pratique afin d'atteindre d'une réalisation spirituelle plus profonde.

10

S'engager vers une renaissance positive

« Quelle que soit la fortune que vous ayez acquise, / Lorsque vous partez vers une autre vie / Vous êtes seul, sans épouse ni enfants, / Sans vêtements, sans amis, / Comme un être offert à l'ennemi dans le désert. / Si vous n'avez même plus votre propre nom, / À quoi sert-il de considérer autre chose ? »

Bouddha.

Strophe dix-sept

Puissions-nous renaître avec le support de la vie suprême
d'un pratiquant du Tantra qui se sert du ciel
du corps d'un moine ou d'un pratiquant laïc possédant les trois pratiques
Et puissions-nous achever les conquêtes des Voies qui mènent aux deux étapes de la création et de la réalisation,
Obtenant ainsi rapidement les Corps d'un Bouddha, le Corps de Vérité,
Le Corps de la Parfaite Jouissance, et d'Émanation.

Entrer dans la vie suivante à partir de l'état intermédiaire représente un processus d'attraction et de répulsion. Les animaux nés d'œufs à l'extérieur du corps et les êtres humains issus des entrailles voient soit leurs parents pendant le processus sexuel, ou leur image, et suscitent ensuite le désir à l'égard du parent du sexe opposé comme le rejet envers celui ou celle du même sexe. Quand l'être intermédiaire est sur le point d'étreindre celui ou celle qu'il désire, il n'aperçoit soudain que l'organe sexuel de cette personne et se met en colère. C'est ainsi que l'attraction et la répulsion provoquent la fin de l'être durant l'état intermédiaire.

Nous devons ajouter que ceci est la manière dont l'état intermédiaire se termine *parfois*, puisque la fertilisation *in vitro* contredit ce que certains de nos écrits affirment – spécifiquement, que les parents doivent coucher ensemble dans un état de forte excitation sexuelle. Aujourd'hui, le sperme du père peut être conservé en laboratoire et introduit dans l'utérus de la mère sans excitation sexuelle. Ce processus qui contredit certains textes sacrés est devenu une réalité, et nous devons l'accepter. En tant que fidèles de la tradition de l'Université monastique de Nalanda, dans l'Inde ancienne, nous devons en admettre la raison. De ce point de vue, notre explication habituelle est incomplète. Selon les textes bouddhistes eux-mêmes, on trouve l'histoire d'un couple marié qui est devenu célibataire – l'un, moine et l'autre nonne. Un jour, l'homme, influencé par les souvenirs de son passé, a poursuivi son ex-femme. Lorsqu'il a touché son corps, son sperme fut projeté sur les vêtements de la femme. Plus tard, influencée par ses propres souvenirs, elle-même a introduit quelques gouttes de sperme dans son vagin. En temps voulu, un enfant naquit. Ainsi, même cet ancien texte bouddhiste contredit la doctrine selon laquelle la conception ne peut s'opérer que lorsque le couple s'étreint sexuellement.

De la même manière, il est dit que la lignée du Bouddha Shakyamuni remonte à un homme qui s'appelait Ami-du-Soleil parce que le sperme de son père, tombé sur une feuille, a été transformé par la chaleur du soleil de manière à créer deux enfants. Ces deux récits qui autrefois ressemblaient à des contes de fées, sont maintenant confirmés par la science. Bien qu'en général la conception s'effectue sous certaines conditions, tel n'est pas toujours le cas. De même, la fin de l'état intermédiaire ne provoque pas nécessairement une attirance pour le parent du sexe opposé comme de la frustration en ne voyant finalement que l'organe sexuel.

Pendant la fin de l'état intermédiaire, l'être traverse rapidement les huit phases dans l'ordre suivant :

1. mirage
2. fumée
3. lucioles
4. flamme d'une bougie
5. ciel-mental d'une blancheur éclatante
6. ciel-mental d'un rouge orangé éclatant
7. ciel-mental d'un noir profond
8. claire lumière.

Au moment de la conception, l'être de pure lumière traverse les sept autres phases dans l'ordre inverse :

7. ciel-mental d'un noir profond
6. ciel-mental d'un rouge orangé éclatant
5. ciel-mental d'une blancheur éclatante
4. flamme d'une bougie
3. lucioles
2. fumée
1. mirage.

Il existe différentes explications en ce qui concerne l'entrée de l'être vivant dans l'utérus. Certains textes affirment que c'est en pénétrant dans la bouche du mâle ou par le haut de sa tête, traversant son corps et son pénis jusqu'à l'utérus de la femme. D'autres textes disent que l'être entre directement dans l'utérus par le vagin de la femme. Une personne vertueuse aura l'impression d'entrer dans une maison accueillante en entendant des sons agréables. À l'inverse, une personne non vertueuse aura l'impression de pénétrer dans un marais ou une forêt sombre, accompagnée de clameurs rauques.

Le souffle très subtil et l'esprit de l'être pénètrent la matière (l'œuf et le sperme) des parents. Dans le fœtus, à ce moment-là de la taille d'une grosse graine de moutarde, le canal central s'unit aux canaux de droite et de gauche et encercle le fœtus trois fois. Alors le souffle d'énergie qui se dirige vers le haut et celui qui descend vers le bas se déplacent dans leurs directions, et les trois canaux s'allongent. Le corps se développe graduellement et émerge éventuellement de l'utérus.

En maintenant d'une manière continue la pratique spirituelle qu'exposent les strophes précédentes du poème du Premier Panchen Lama, vous pourrez renaître avec un corps spécial qui vous procurera une vie grâce à laquelle vous serez capable de terminer les Voies du Tantra qui mènent à l'Éveil suprême. Vous pourrez renaître en des lieux inhabituels peuplés d'êtres nommés les « utilisateurs du ciel » qui pratiquent le Tantra, ou ailleurs en des lieux plus ordinaires où enseignent des gourous et où existe la liberté de pratiquer. Avec une renaissance si favorable, vous ferez le vœu d'un comportement pur et vous parviendrez à posséder les trois pratiques – l'éthique, l'absorption méditative, et la sagesse, racines de votre progrès spirituel. Avec ces pratiques pour fondement, vous chercherez à achever la réalisation des deux stades du Yoga Tantra Supérieur :

— Le Yoga de la Déité joint avec la méditation sur la vacuité et les huit signes de la mort ;
— le Yoga de la Déité avec la méditation sur la vacuité, le retrait des souffles d'énergie dans le canal central, et l'accès aux plus profonds niveaux de conscience.

Grâce à ces stades, vous compléterez les dernières étapes vers la bouddhéité, un état spriritual où vous vous dédiez aux autres. Le vœu final du poème du Panchen Lama concerne une telle vie future. Souvenez-vous, l'intention ultime de la pratique bouddhiste est de servir les autres, et, pour une plus grande efficacité, il est nécessaire d'obtenir un esprit et un corps purs. Le but est d'être capable d'aider un grand nombre d'êtres sensibles grâce à des millions de moyens.

Lorsque vous pratiquez, ne laissez pas la Voie vous être extérieure, mais centrez votre esprit vers la Voie spirituelle. Sinon, vous aurez beau essayer de pratiquer, vous serez peut-être fatigué et même ennuyé au bout d'un certain temps. Ne récitez pas seulement les termes du poème du Premier Panchen Lama, *Souhaits de délivrance des dangers de l'État Intermédiaire, le Héros se délivrant de la Peur*, mais mettez-les en pratique tous les jours avec une approche de l'absorption méditative en réfléchissant sur le sens. Tel est mon conseil.

Résumé des conseils

1. Essayez au cours de votre renaissance de renaître avec un corps et dans une situation capable de terminer les Voies spirituelles qui vous restent.

2. Le but est d'atteindre l'Éveil suprême et de se mettre au service des autres.

11

Réflexions quotidiennes sur le poème

> « De même que la puissante chute d'eau d'une cascade / Ne peut remonter en arrière, / De même le mouvement d'une vie humaine / Est aussi irréversible. »
>
> Bouddha.

Voici le poème du premier Panchen Lama dans son intégralité :

Souhaits de délivrance des dangers
de l'État Intermédiaire, le Héros se délivrant
de la Peur

Par le premier Panchen Lama,
Losang Chokyi Gyeltsen

1

Moi et tous les êtres dans l'espace, sans exception
Prenons refuge jusqu'à l'éveil ultime
Auprès des Bouddhas du passé, du présent et du futur,
de la doctrine et de la la communauté spirituelle.

Que nous soyons délivrés des frayeurs de cette vie, de l'état intermédiaire, et du suivant.

2

Que nous puissions extraire l'essence significative de ce soutien de vie
Sans être distraits par les affaires inutiles de cette existence
Puisque cette base solide, difficile à acquérir et facile à détruire
Présente l'opportunité de choisir entre profit et perte, confort et misère.

3

Puissions-nous comprendre qu'il n'y a pas de temps à perdre,
La mort étant connue mais l'heure de la mort inconnue.
Ce qui a été assemblé sera séparé, ce qui a été accumulé sera consumé.
Au firmament commence la descente. La finalité de la naissance est la mort.

4

Puissions-nous être délivrés de la souffrance incommensurable due aux causes variées de la mort
Quand dans ce monde de conceptions erronées du sujet et de l'objet
Le Corps illusoire composé des quatre éléments impurs
Et de la conscience sont sur le point de se séparer.

5

Puissions-nous être délivrés des apparitions erronées de la faute
Lorsque, déçu à l'heure du dénouement par ce corps si chèrement entretenu
Les ennemis terrifiants, les seigneurs de la mort, se manifestent
Et que nous nous détruisons avec les armes des trois poisons que sont la luxure, la haine et la confusion.

6

Puissions-nous nous souvenir des enseignements de la pratique
Quand les médecins nous abandonnent et que les rituels sont dépassés
Que les amis ont renoncé à l'espoir de notre vie
Et qu'il ne nous reste plus rien à faire.

7

Puissions-nous avoir la confiance dans la joie et l'émerveillement
Lorsque les aliments et la richesse accumulés par avarice sont abandonnés
Et que nous nous séparons pour toujours d'amis tant désirés et tant aimés,
Avançant seul vers une situation dangereuse.

8

Puissions-nous susciter un puissant esprit de vertu
Lorsque les éléments, terre, eau, feu et souffle –
Se dissolvent peu à peu
Et que la force physique disparaît, que la bouche et le nez asséchés se plissent,
La chaleur se retire, le souffle halète et des râles se font entendre.

9

Puissions-nous prendre conscience d'une manière d'être où la mort est absente
Quand des illusions effrayantes et horribles,
En particulier mirage, fumée, et lucioles, surgissent
Et que disparaissent les sommets des quatre-vingts concepts.

10

Puissions-nous garder une conscience et une introspection puissantes
Lorsque l'élément souffle commence à se dissoudre dans la conscience
Et que le flux de la respiration extérieure cesse, que les apparitions grossière et duelles se dissolvent
Et qu'une vision telle une lampe à beurre allumée paraît.

11

Puissions-nous connaître notre propre nature
Grâce au yoga qui conçoit comme vides le cycle des existences et le nirvana
Lorsque l'apparence s'accroît, et la réalisation presque achevée se dissout – la première dans la dernière
Et que des expériences naissent à leur tour comme se répandent le clair de lune,
la lumière du soleil, et l'obscurité.

12

Puissent les claires lumières de la mère et de l'enfant se rencontrer
Quand la réalisation presque achevée se dissout dans l'entièrement vide,
Que toutes les multiplications cessent et qu'une expérience
Semblable à un ciel d'automne sans pollutions se lève.

13

Puissions-nous être immergés dans une profonde absorption méditative
Dans la sagesse exaltée de l'union de la félicité innée et de la vacuité
Durant les quatre périodes de vacuité pendant la dissolution du constituant d'une blancheur lunaire
Par le feu de la Puissante Femelle rapide comme l'éclair.

14

Puissions-nous, à la place de l'état intermédiaire, accomplir l'absorption méditative de l'illusion afin que, en quittant la claire lumière,
Nous nous élevions pour accéder au Corps de la Parfaite Jouissance éblouissante de la gloire des signes et des beautés d'un Bouddha
Issu du souffle et de la nature de la claire lumière de la mort.

15

Si, grâce au karma, s'établit un état intermédiaire
Puissent les apparitions erronnées être purifiées
Par l'analyse immédiate et en prenant conscience de l'absence de l'existence intrinsèque,
Des souffrances de la naissance, de la mort, et de l'état intermédiaire.

16

Puissions-nous naître sur une Terre pure
Transformant grâce au yoga l'extérieur, l'intérieur et le secret
Avec l'expression diverse des quatre sens de l'inversion des éléments,
Trois apparitions terrifiantes et des incertitudes apparaissent.

17

Puissions-nous renaître avec le support de la vie suprême
d'un pratiquant du Tantra qui se sert du ciel
du corps d'un moine ou d'un pratiquant laïc possédant les trois pratiques
Et puissions-nous achever les conquêtes des Voies qui mènent aux deux étapes de la création et de la réalisation,
Obtenant ainsi rapidement les Corps d'un Bouddha, le Corps de Vérité,
Le Corps de la Parfaite Jouissance, et d'Émanation.

Appendice

CONFIGURATION DU POÈME ET RÉSUMÉ DES CONSEILS

Voici les grandes lignes du poème, avec les conseils résumés pour chaque strophe.

Souhaits de délivrance des dangers de l'État Intermédiaire, le Héros se délivrant de la Peur

Par le Premier Panchen Lama,
Losang Chokyi Gyeltsen

Strophe une : AU SEIN DU REFUGE ET DE L'AMOUR DES AUTRES DEMANDER À ÊTRE PROTÉGÉ DES FRAYEURS DE CETTE VIE, DE L'ÉTAT INTERMÉDIAIRE, ET DU SUIVANT

Moi et tous les êtres dans l'espace, sans exception
Prenons refuge jusqu'à l'éveil ultime
Auprès des Bouddhas du passé, du présent et du futur, de la doctrine et de la la communauté spirituelle.
Que nous soyons délivrés des frayeurs de cette vie, de l'état intermédiaire, et du suivant.

1. La motivation de votre pratique devrait être le bien de tous les êtres vivants – leur libération de la souffrance et leur réalisation de la perfection. Autant que possible, dirigez toujours votre motivation vers l'aide envers les autres. Essayez au moins de ne pas faire le mal.

2. Les Bouddhas sont les enseignants de la Voie spirituelle ; ils ne vous font pas cadeau de la prise de conscience. Vous devrez pratiquer chaque jour l'éthique, la méditation concentrée, et la sagesse.

Strophe deux : EN CONTEMPLANT LE SENS ET LA DIFFICULTÉ DE TROUVER CE SUPPORT DE VIE, EN SOUHAITANT EN EXTRAIRE L'ESSENCE

Que nous puissions extraire l'essence significative de ce soutien de vie
Sans être distraits par les affaires inutiles de cette existence
Puisque cette base solide, difficile à acquérir et facile à détruire
Présente l'opportunité de choisir entre profit et perte, confort et misère.

1. Soyez conscient de la valeur du corps humain qui vous a été donné, car il est le résultat de nombreuses bonnes actions passées. Appréciez le fait que les enseignements soient disponibles et prêts à être suivis.

2. Puisque cette précieuse vie humaine peut être utilisée de manière puissante, bénéfique ou destructrice et qu'elle est très fragile, servez-vous-en maintenant de façon positive.

3. Le bonheur physique consiste en un équilibre occasionnel des éléments du corps, et ne relève pas d'une harmonie profonde. Prenez le temporaire pour ce qu'il est.

4. Un esprit dominé vous rend apaisé, détendu et heureux. En revanche, si votre esprit est tourmenté, peu importe combien merveilleuses sont vos conditions de vie, vous serez assailli de peurs et d'inquiétude. La racine de votre propre bonheur et de votre bien-être réside en esprit apaisé et dompté. C'est aussi un grand bien pour votre entourage.

Strophe trois : AVEC LA PLEINE CONSCIENCE DE L'IMPERMANENCE ET DE LA MORT, DÉSIRANT SURMONTER L'ATTACHEMENT AU CYCLE DES EXISTENCES

Puissions-nous comprendre qu'il n'y a pas de temps à perdre,
La mort étant connue mais l'heure de la mort inconnue.
Ce qui a été assemblé sera séparé, ce qui a été accumulé sera consumé.
Au firmament commence la descente. La finalité de la naissance est la mort.

1. Si vous prenez conscience de l'incertitude de l'heure de la mort, vous emploierez mieux votre temps.

2. Pour éviter de remettre au lendemain votre pratique spirituelle, prenez garde de ne pas vous laisser influencer par l'illusion de la permanence.

3. Rendez-vous compte que peu importe l'agrément d'une situation, sa nature est telle qu'elle doit s'achever.

4. Ne croyez pas qu'il y aura du temps plus tard.

5. Soyez honnête en admettant l'idée de votre propre mort. Encouragez adroitement les autres à être francs au sujet de leurs morts. Ne vous bercez pas d'illusions les uns les autres avec des flatteries lorsque l'heure de la mort approche. L'honnêteté stimule le courage et la joie.

Strophe quatre : SOUHAITANT L'ABSENCE D'UNE SOUFFRANCE INSUPORTABLE PROVOQUÉE PAR LES CAUSES VARIÉES DE LA MORT

Puissions-nous être délivrés de la souffrance incommensurable due aux causes variées de la mort
Quand dans ce monde de conceptions erronées du sujet et de l'objet
Le Corps illusoire composé des quatre éléments impurs
Et de la conscience sont sur le point de se séparer.

1. Pratiquez maintenant afin, qu'au moment de la mort, la force de votre familiarité avec la vertu influencera votre comportement.

2. Observez le corps comme une cité de conceptions erronées. Celui-ci paraît propre quand vous le lavez, et représente une source de béatitude permanente sous votre contrôle, c'est faux. Le corps, produit des quatre éléments (terre, eau, feu et souffle) est sujet à la douleur comme à des mutations voulues par lui-même d'un moment à l'autre.

3. Les gens semblent exister à partir de leur propre pouvoir. L'ignorance renforce cette fausse apparence

qui provoque les émotions douloureuses de l'envie, de la haine et davantage de confusion. À leur tour, ces émotions polluent les actions du corps, de la parole, et de l'esprit, qui perpétuent le processus de l'existence cyclique. Dites-vous que vous vivez dans une cité de conceptions erronées.

Strophe cinq : SOUHAITANT LA PACIFICATION DES APPARENCES ERRONÉES PENDANT LA MORT

Puissions-nous être délivrés des apparitions erronées de la faute
Lorsque, déçu à l'heure du dénouement par ce corps si chèrement entretenu
Les ennemis terrifiants, les seigneurs de la mort, se manifestent
Et que nous nous détruisons avec les armes des trois poisons que sont la luxure, la haine et la confusion.

1. Sachez que ce corps que vous entretenez à grand prix, vous abandonnera un jour.
2. Évitez de regretter la situation que vous abandonnez.
3. Évitez de haïr ce que vous devez abandonner.
4. Écartez-vous autant que possible de l'envie, de la haine, et de l'ignorance afin que vous soyez apte à soutenir une pratique vertueuse à l'heure de votre mort.
5. Soyez conscient qu'en acceptant une pilule ou une piqûre pour obtenir une mort prétendument paisible vous vous privez peut-être d'une occasion cruciale de manifester votre vertu.

Strophe six : SOUHAITANT LA PLEINE CONSCIENCE DES ENSEIGNEMENTS PENDANT LA MORT

Puissions-nous nous souvenir des enseignements de la pratique
Quand les médecins nous abandonnent et que les rituels sont dépassés
Que les amis ont renoncé à l'espoir de notre vie
Et qu'il ne nous reste plus rien à faire.

1. Il est utile de savoir qu'à un certain moment, tout espoir de continuer à vivre, cessera. À ce point, les médecins, les prêtres, les amis, et les parents ne peuvent plus vous maintenir en vie. À vous d'entreprendre ce qui peut vous aider.

2. Pendant votre agonie, il faut vous souvenir des enseignements spirituels qui correspondent à votre niveau de pratique. Vous avez intérêt à les mettre en œuvre.

3. Habituez-vous à votre pratique. Soyez déterminé à maintenir cette direction spirituelle dans toutes les situations, quelles que soient les difficultés. Lancez-vous en de nombreuses actions méritoires afin que leur accumulation influence tous les aspects de votre vie et de votre mort. La souffrance naît de l'amour de soi. Apprenez à aimer les autres. Souhaitez souvent maintenir votre pratique spirituelle pendant vos vies futures.

4. Lorsqu'une autre personne meurt, faites attention de ne pas la bouleverser en avivant encore plus ses

regrets ou en provoquant chez elle de la colère et de la haine. Ne vous lamentez pas sur son départ, ne la prenez pas dans vos bras, ne pleurez pas en sa présence. Aidez-la à vivre un départ qui ait du sens en lui rappelant une pratique plus approfondie.

5. Demandez aux autres de faire la même chose pour vous. Arrangez-vous pour avoir quelqu'un auprès de vous qui vous parlera doucement à l'oreille, en vous rappelant une attitude spirituelle particulière que vous voulez exprimer.

Strophe sept : SOUHAITANT MOURIR DANS UNE CONFIANCE JOYEUSE

Puissions-nous avoir la confiance dans la joie et l'émerveillement
Lorsque les aliments et la richesse accumulés par avarice sont abandonnés
Et que nous nous séparons pour toujours d'amis tant désirés et tant aimés,
Avançant seul vers une situation dangereuse.

1. Pour éviter d'être déprimé en raison de votre mort, réfugiez-vous auprès de vos religions respectives en montrant de la compassion envers tous les êtres ; réfléchissez sur l'urgence d'extraire l'essence de cette vie présente, à la fois dotée du loisir et des nécessités de la pratique spirituelle, et réfléchissez encore et encore sur l'impermanence.

2. Avec cette base pour vous souvenir efficacement

de votre pratique pendant que vous êtes en train de mourir, même les événements et les apparitions les plus horribles qui pourraient se manifester ne serviront qu'à vous exhorter au calme et à méditer dans la joie et la confiance.

Strophe huit : SOUHAITANT GÉNÉRER UN ESPRIT PUISSANT ET VERTUEUX LORSQUE LES SIGNES EXTÉRIEURS DE LA DISSOLUTION DES ÉLÉMENTS SURVIENNENT

Puissions-nous susciter un puissant esprit de vertu
Lorsque les éléments, terre, eau, feu et souffle –
Se dissolvent peu à peu
Et que la force physique disparaît, que la bouche et le nez asséchés se plissent,
La chaleur se retire, le souffle halète et des râles se font entendre.

1. Afin que vous ne soyez pas surpris par le processus de la mort quand il commencera, apprenez les étapes de la dissolution des quatre éléments et les signes extérieurs et intérieurs qui les accompagnent.

2. Soyez vigilants à l'approche de la mort afin que vos bonnes dispositions soient alimentées et activées par des comportements vertueux.

3. Les signes annonciateurs de la mort peuvent apparaître un an ou deux avant votre disparition. Ils vous avertissent de la nécessité de vous préparer, mais il est préférable que vous soyez prêts auparavant.

Strophe neuf : SOUHAITANT POUVOIR MAINTENIR LA RÉALITÉ PROFONDE QUAND LES SIGNES INTÉRIEURS APPARAISSENT

Puissions-nous prendre conscience d'une manière d'être où la mort est absente
Quand des illusions effrayantes et horribles,
En particulier mirage, fumée, et lucioles, surgissent
Et que disparaissent les sommets des quatre-vingts concepts.

1. Réalisez que des milliards d'apparitions, dont certaines sont effrayantes et abominables, qui peuvent se présenter pendant la mort, sont causées par votre karma. Ne soyez pas distrait par celles-ci.

2. Apprenez l'ordre des trois premières des huit apparitions : mirage comme au désert ; bouffées de fumée d'une cheminée ou légère fumée dans une pièce ; lucioles ou étincelles dans la suie au fond d'une poêle à griller le grain.

Strophe dix : SOUHAITANT GÉNÉRER UNE FORTE CONSCIENCE DES TENTATIVES VERTUEUSES RÉALISÉES LORSQUE LES APPARITIONS GROSSIÈRES ET DUELLES SE DISSOLVENT

Puissions-nous garder une conscience et une introspection puissantes
Lorsque l'élément souffle commence à se dissoudre dans la conscience
Et que le flux de la respiration extérieure cesse, que les apparitions grossière et duelles se dissolvent

Et qu'une vision telle une lampe à beurre allumée paraît.

1. Bien que l'esprit et la matière aient des causes substantielles différentes, ils interagissent de nombreuses façons.

2. À la suite des trois signes intérieurs de mirage, fumée et lucioles, se manifeste le quatrième signe intérieur qui ressemble à la flamme d'une lampe à beurre ou d'une bougie, vacillante au début et stable ensuite.

3. Bien qu'à ce point la respiration par le nez cesse et qu'il n'y a pas de réaction consciente aux stimuli extérieurs, le mourant n'est pas mort. Il serait préférable que le corps ne soit pas dérangé jusqu'à la mort véritable.

4. Maintenir une conscience active et l'introspection vous aideront à reconnaître quelle phase du processus intérieur se déroule et peut provoquer un effet puissant qui influencera une renaissance positive.

Strophe onze : SOUHAITANT RECONNAÎTRE PAR L'EXPÉRIENCE LA NATURE DE VOTRE PROPRE ESPRIT QUAND LES TROIS PREMIÈRES VACUITÉS SE MANIFESTENT

Puissions-nous connaître notre propre nature
Grâce au yoga qui conçoit comme vides le cycle des existences et le nirvana
Lorsque l'apparence s'accroît, et la réalisation presque achevée se dissout – la première dans la dernière

Et que des expériences naissent à leur tour comme se répandent le clair de lune,
la lumière du soleil, et l'obscurité.

1. Observez la manière dont les attitudes et les conceptions variées orientent différemment le mouvement du souffle vers leurs destinations respectives.

2. Après les quatre signes intérieurs naissent des mirages, fumée, lucioles, et flamme (celle d'une lampe à beurre ou d'une bougie, d'abord vacillante et puis stable), trois esprits plus subtils, ciel-mental d'une blancheur éclatante, ciel-mental rouge orangé et ciel-mental noir profond.

3. Souvenez-vous que vous devez les utiliser plus subtils pour vous pénétrer de la vérité de la vacuité.

4. La vacuité ne signifie pas la non-existence. Elle est plutôt l'absence d'existence intrinsèque des phénomènes, des êtres comme des choses.

5. Apprenez à analyser les phénomènes : concentrez-vous pour savoir si individuellement, ils sont leurs parties, ou la collection de leurs parties, ou quelque chose d'entièrement différent. Cela montrera que les phénomènes n'existent pas de la manière concrète qui semblent être la leur.

6. Les causes et les effets, les agents et les actions, qu'ils soient bons ou mauvais, n'existent que par convention. Ils sont dépendants-émergents.

7. Leur vérité ultime est leur absence d'indépendance, ou la vacuité de leur existence intrinsèque. C'est ce que

la sagesse comprend, déstabilisant l'ignorance par l'envie, la haine et la souffrance qu'elles causent.

8. Grâce à ce yoga, apprenez à connaître votre nature ultime de même que celle de tous les phénomènes.

Strophe douze : SOUHAITANT LA RÉUNION DES CLAIRES LUMIÈRES DE LA MÈRE ET DE L'ENFANT PENDANT LA QUATRIÈME VACUITÉ

Puissent les claires lumières de la mère et de l'enfant se rencontrer
Quand la réalisation presque achevée se dissout dans l'entièrement vide,
Que toutes les multiplications cessent et qu'une expérience
Semblable à un ciel d'automne sans pollutions se lève.

1. La phase finale dans le processus de la mort intervient quand naît l'esprit inné fondamental de la pure lumière. Cet esprit a toujours existé depuis un temps immémorial et continuera toujours à exister.

2. Éventuellement, si vous atteignez la bouddhéité, vous serez capable de demeurer dans l'esprit inné de pure lumière sans passer par le processus inverse des niveaux de conscience plus primitifs. À ce point, il n'existe pas d'occasion pour accumuler le karma.

3. Même pour un non-pratiquant ordinaire, il y a, au moment de la mort, une absence d'apparitions grossières, un pratiquant très avancé cherchera à employer cet esprit pour assimiler la vérité, la vacuité de l'existence intrinsèque, grâce à la force des habitudes acquises à partir de la méditation sur la vacuité.

4. L'esprit ordinaire de claire lumière qui se manifeste au stade final de la mort se nomme la claire lumière de la mère, et tandis que la claire lumière générée par la force de la pratique de la Voie spirituelle, se nomme la claire lumière de l'enfant.

5. Quand, à l'heure de la mort, la claire lumière de la mère, qui naît grâce au karma, se transforme en conscience spirituelle qui connaît la vacuité – la claire lumière de l'enfant –, cette transformation s'appelle la rencontre des claires lumières de la mère et de l'enfant.

Strophe treize : SOUHAITANT ÊTRE EN MÉDITATION ÉQUILIBRÉ AU SEIN DE LA SAGESSE EXALTÉE DE LA FÉLICITÉ ET DE LA VACUITÉ, JOIGNANT LA FÉLICITÉ INNÉE ET LA VACUITÉ, PENDANT LES QUATRE VACUITÉS

Puissions-nous être immergés dans une profonde absorption méditative
Dans la sagesse exaltée de l'union de la félicité innée et de la vacuité
Durant les quatre périodes de vacuité pendant la dissolution du constituant d'une blancheur lunaire
Par le feu de la Puissante Femelle rapide comme l'éclair.

1. Le pratiquant du plus haut niveau peut transformer la claire lumière de la mère qui survient pendant la mort, grâce au karma, en une Voie de conscience spirituelle.

2. À des niveaux inférieurs, ceux qui pratiquent tous les jours le Yoga de la Déité du Yoga Tantra Supérieur,

imaginent l'apparence des huit signes de la mort dans une pleine conscience des trois visions, identifiant le signe qui apparaît, le signe précédent, et celui qui viendra. Pratiquez la série des huit signes conjointement avec la méditation sur la vacuité. Chaque signe est divisé en trois parties sauf le premier et le dernier qui n'en possèdent que deux :

— Un mirage apparaît. La fumée va s'élever.

— La fumée apparaît. Le mirage vient de passer. Les lucioles vont naître.

— Les lucioles apparaissent. La fumée vient de se dissoudre. Une flamme va jaillir.

— Une flamme apparaît. Les lucioles viennent de disparaître. Un ciel-mental d'une blancheur éclatante va naître.

— Un ciel-mental d'une blancheur éclatante apparaît. Une flamme vient de s'effacer. Un ciel-mental rouge orangé éclatant va naître.

— Un ciel-mental rouge orangé apparaît. Un ciel-mental d'une blancheur éclatante vient de passer. Un noir profond va naître.

— Un noir profond apparaît. Un ciel-mental rouge orangé éclatant vient de passer. L'esprit de la claire lumière va naître.

— L'esprit de claire lumière apparaît. Un noir profond vient de passer.

3. Dans la pratique particulière du Yoga de la Déité dans le Yoga Tantra Supérieur, les pratiquants associent le niveau de compréhension de la vacuité qu'ils possèdent, quelle qu'elle soit, au dévoilement graduel des huit

signes de la mort. Ensuite, ils emploient l'esprit de claire lumière qui prend conscience de la vacuité – ou une conscience imitant un tel état d'esprit – comme la base d'où ils apparaissent sous une forme idéale et compatissante telle une déité.

4. Les pratiquants très avancés qui possèdent une ferme compassion et la sagesse peuvent utiliser les rapports sexuels en tant que technique pour concentrer fortement l'esprit et manifester la nature innée et fondamentale de la claire lumière. Grâce à cet esprit le plus intériorisé, ils prennent conscience de la vacuité de l'existence intrinsèque d'une manière extrêmement puissante.

Strophe quatorze : SOUHAITANT ACQUÉRIR UN CORPS ILLUSOIRE AU LIEU DE L'ÉTAT INTERMÉDIAIRE

Puissions-nous, à la place de l'état intermédiaire, accomplir l'absorption méditative de l'illusion afin que, en quittant la claire lumière,
Nous nous élevions pour accéder au Corps de la Parfaite Jouissance éblouissante de la gloire des signes et des beautés d'un Bouddha
Issu du souffle et de la nature de la claire lumière de la mort.

1. Les pratiquants très avancés sont capables d'utiliser la claire lumière ordinaire de la mort et le souffle qui la porte comme causes substantielles d'un esprit et d'un corps purs.

2. Afin de pouvoir ressusciter à partir de l'esprit de claire lumière dans un corps pur qui émane du souffle, il est nécessaire d'avoir auparavant pratiqué ceci : il faut que vous vous imaginiez comme ayant un esprit et un corps motivés d'une manière altruiste. L'imitation conduira éventuellement à ce qui s'accomplit de fait.

3. Achever la transformation finale n'exige pas de reculer dans un niveau d'esprit plus primitif à partir de la nature innée, fondamentale. Cela produirait un état sans mort.

Strophe quinze : SOUHAITANT QUE LES APPARITIONS ERRONÉES PENDANT UN ÉTAT INTERMÉDIAIRE ORDINAIRE PARAISSENT COMME LE CORPS DE PURETÉ

Si, grâce au karma, s'établit un état intermédiaire
Puissent les apparitions erronées être purifiées
Par l'analyse immédiate et en prenant conscience de l'absence de l'existence intrinsèque,
Des souffrances de la naissance, de la mort, et de l'état intermédiaire.

1. Il est très important de reconnaître les signes qui indiquent que vous êtes dans l'état intermédiaire.

2. Considérez les apparitions et les expériences agréables ou désagréables comme les expressions de votre karma, bon ou mauvais.

3. Au lieu de ce qui vous est présenté, imaginez que vous êtes ressuscité dans un corps illusoire, et que les apparences des êtres sont des expressions idéales de

compassion et de sagesse, de même que les apparences de l'environnement abritent de splendides demeures.

4. Évitez de rejeter ce qui est laid ou d'aimer ce qui est beau.

5. Prenez conscience que les apparitions variées et les souffrances de la mort, de l'état intermédiaire, et de la renaissance sont vides d'existence intrinsèque. Elles n'existent pas en elles-mêmes.

Strophe seize : SOUHAITANT RENAÎTRE DANS UNE TERRE PURE GRÂCE À LA FORCE DU YOGA QUI TRANSFORME L'EXTÉRIEUR, L'INTÉRIEUR, ET LE SECRET

Puissions-nous naître sur une Terre pure
Transformant grâce au yoga l'extérieur, l'intérieur et le secret
Avec l'expression diverse des quatre sens de l'inversion des éléments,
Trois apparitions terrifiantes et des incertitudes apparaissent.

1. Soyez préparé à ce que, pendant l'état intermédiaire, il puisse survenir de nombreuses apparitions étranges, aussi bien merveilleuses qu'horribles. Comprenez maintenant que ce qui peut apparaître peut être transformé par la pratique.

2. Restez calme. Imaginez votre environnement comme de belles maisons dans un paysage serein. Envisagez les êtres comme ayant une essence de compassion et de sagesse. Considérez votre propre conscience comme un esprit heureux qui est conscient de la vacuité.

3. Vous allez vivre une renaissance en un lieu où vous pourrez continuer votre pratique qui vous conduira vers une réalisation spirituelle plus profonde.

Strophe dix-sept : SOUHAITANT RENAÎTRE D'UNE MANIÈRE QUI A UN SENS CERTAIN

Puissions-nous renaître avec le support de la vie suprême
d'un pratiquant du Tantra qui se sert du ciel
du corps d'un moine ou d'un pratiquant laïc possédant les trois pratiques
Et puissions-nous achever les conquêtes des Voies qui mènent aux deux étapes de la création et de la réalisation,
Obtenant ainsi rapidement les Corps d'un Bouddha, le Corps de Vérité,
Le Corps de la Parfaite Jouissance, et d'Émanation.

1. Assignez-vous pour but dans votre renaissance de vivre avec un corps et dans une situation qui vous permettra d'achever les Voies spirituelles qui vous restent à accomplir.
2. Le but d'atteindre l'Éveil est de servir intégralement les autres.

Ouvrages consultés

S.S. le Dalaï Lama, *Comment pratiquer le Bouddhisme*, traduit de l'anglais par Yolande du Luart, Plon, 2002, Pocket 2003.

— *Sens de la vie : réincarnation et liberté*, traduit de l'anglais par Michel Cool et Pierre Lafforgue, J'ai lu 2000.

— *Kindness, Clarity, and Insight*, traduit du tibétain par Jeffrey Hopkins, Ithaca, N.Y. Snow Lion Publications, 1984.

Rinpoché Lati et Jeffrey Hopkins, *La Mort, l'État intermédiaire et la Renaissance dans le bouddhisme tibétain*, Dharma, 1997.

Tsongkhap, *Le Grand Livre de la progression vers l'Éveil, vol. 1.*, Dharma 1997.

Lekden, Kensur *Compassion et vacuité : méditations d'un supérieur de collège tantrique pratique de la vacuité*. Publié chez Dharma 1989.

Hopkins, Jeffrey *Buddhist Advice for Living and Liberation : Nagarjuna's Precious Garland*. Ithaca, New York : Snow Lion Publication, 1998.

Cultivating Compassion. New York : Broadway Books, 2001

Wallace, Vesna A. and B. Alan Wallace, *A Guide to the Bodhisattva Way of Life*, Ithaca, N. Y. Snow Lion Publications, 1997.

Rinchen, Geshe Sonam and Ruth Sonam, *Yogic Deeds of Bodhisattvas : Gyel-tsap on Aryadeva's Four Hundred*, Ithaca, NY, Snow Lion, 1994.

TABLE

Cet ouvrage a été composé par
Nord Compo (Villeneuve-d'Ascq)
et imprimé sur presse Cameron
par **Bussière Camedan Imprimeries**
à Saint-Amand-Montrond (Cher)
pour le compte des Editions Plon
76, rue Bonaparte
Paris 6^{e}

Achevé d'imprimer en octobre 2003.

N° d'édition : 13690. — N° d'impression : 034801/1.
Dépôt légal : octobre 2003.

Imprimé en France